AF328413

**Andreas Müller-Pohle**

# Interfaces Foto + Video 1977–1999

Herausgegeben von / Edited by

*Hubertus von Amelunxen*

**European Photography**

Das vorliegende Katalogbuch entstand anläßlich der Ausstellung „Andreas Müller-Pohle: Interfaces – Foto- und Videoarbeiten 1977 bis 1999" im Alten Rathaus Göttingen vom 26. März bis 2. Mai 1999. Schirmherr der Ausstellung ist Thomas Oppermann, Minister für Wissenschaft und Kultur des Landes Niedersachsen.

Die Deutsche Bibliothek – CIP-Einheitsaufnahme

Interfaces: Foto + Video 1977–1999; Andreas Müller-Pohle; [anläßlich der Ausstellung „Interfaces – Foto- und Videoarbeiten 1977 bis 1999"] / hrsg. von Hubertus von Amelunxen. [Veranstalter ist das Kulturamt der Stadt Göttingen]. – Göttingen: European Photography, 1999. ISBN 3-923283-51-2

Translation: Pauline Cumbers, Frankfurt
Lithography and Printing: Gooss + Co., Goslar
Printed on Westminster holzfrei altweiß, 150 g/m$^2$
Geese Papier, Hamburg

Inhalt *Contents*

# Inter*faces* oder Das Gesicht aus dem Blick

von *Hubertus von Amelunxen*


Eine Maschine zermalmt Bilder wie Kronos seine Kinder. Gedankenlos und unerbittlich drehen die geschärften Räder und fallen wie ein Fluch nochmals über das Dargestellte her, zerkleinern die Bilder zu Fetzen, verfransen sie zu Schnipseln papierener oder cellophanener Kleider, die nichts mehr umhüllen, nichts verbergen und nur die Blicke aufgeben, denen die Bilderproduktionen einmal zubestimmt waren. Ein gewaltiges Schauspiel – diese alltägliche Endstation von Bilderwelten im ausgehenden 20. Jahrhundert. In der Arbeit *Entropia* (1996) von Andreas Müller-Pohle finden die Bilder zueinander und zelebrieren ihre Zeitgenossenschaft. Ob in Himmel oder Hölle, sie formieren sich auf den Walzen zu Tänzen, als feierten sie ihre Lösung aus der Gemeinschaft der Blicke. Die Bilder haben ihren gesellschaftlichen und ästhetischen Ort verlassen und werden einer Ökonomie zugeführt, die sich mit Georges Bataille eine „Ökonomie der Verschwendung" nennen ließe. In Papierfetzen zu einer Welt unentschiedener Bilder zerrissen, erfahren sie in diesem Mahlwerk eine Apotheose, zu der kein Museum ihnen je hätte verhelfen können. *Entropia* ist keineswegs eine ikonoklastische Maschine, vielmehr ist sie das Bild der Bilder. Das dem Verfall zugedachte Bild wird erst in diesem zum Bild, zur Ikone.

*Entropia* mag als eine kritische Untersuchung der Bilderwelten am Ende des 20. Jahrhunderts betrachtet werden – der Produktion, Reproduktion und Konsumtion der Myriaden von Bildern. Die Installation und das in Göttingen nun gezeigte Video lassen mit Blick auf die Arbeit von Andreas Müller-Pohle der letzten zwei Jahrzehnte auch noch andere Gedanken zu. In der folgenden Entwicklung sollen entscheidende Momente im Œuvre von Andreas Müller-Pohle zu einer Exposition geführt werden. *Entropia* gibt das Leitmotiv, und die Zeit ist keine chronologische, das Werden und Vergehen der Dinge kein fortgängiges, das sich irreversibel einem Moment einschriebe. Wird die Fotografie als das Bild des Verfalls begriffen, dann ist es keiner historischen Zeit verpflichtet.

Von den *Konstellationen* (1976–1979), der *Transformance* (1979–1982), *Albufera* (1985), *Dacapo* (1988–1991), *Signa* (ab 1989), den *Zyklogrammen* (1991–1994), den *Perlasca Pictures* (1992) bis zu den *Digitalen Partituren* (1995–1998), den *Sojourner-II*-Bildern (1997/99) und den *Face Codes* (1998/99) – die Zyklen Müller-Pohles legen eine Kontinuität nahe, die sich von einer grafischen Figürlichkeit hin zu einer Defiguration entwickelt und ihre Zeitgenossenschaft nun im alphanumerischen Code zeigt. Die Videoarbeit *Entropia* durchfährt die zwei Jahrzehnte künstlerischer Arbeit, die Maschine arbeitet wie ein Pflug, der die Zeiten aufwühlt und umschichtet. *Entropia* ist das Differential der Bilder, dem keine Gleichung folgt, das aber als ein Räderwerk der Übersetzung die Geste des Fotografischen mit den zu Zeiträumen zerschnittenen Bildern synchronisiert. Die Ausstellung ist *Interfaces* betitelt, mit einem Begriff also, der in aller Munde ist, dem kein deutsches Wort so richtig entsprechen kann, der das Verhältnis von Werkzeug, Benutzer und Handlung (Gui Bonsiepe) zu bestimmen versucht. Im folgenden werden die Fotografie und das Fotografische (im Sinne des Dispositivs) als Interface gedacht und in acht Schritten mit den Arbeiten von Andreas Müller-Pohle erläutert.


## I.

Die linke Bildhälfte ist von der Ecke einer neoklassizistischen, in hellem Marmor getäfelten Fassade gefüllt, die rechte durch einen das Bild teilenden dunklen Baumstamm. Im Vordergrund wird das Bild durch eine Reihe von vier sich nach links verjüngenden Speerzinnen eines Zauns bestimmt. Das Bild ist beinahe symmetrisch geteilt, in der Horizontalen durch die Zaunspitzen, in der Vertikalen durch die im Gegenlicht abgeschattete Baumrinde. Die fotografisch

strenge Komposition wird durch die in die linke Bildhälfte hineinwuchernde
Rinde gestört, ja geradezu in der Unterstreichung oder Emphase zurückgenom-
men. Wie ein indexikalischer Verweis deutet eine Speerspitze auf eine dem Bild
zugrundeliegende, unserer Anschauung also vorausgegangene Teilung. Die drei
Bildebenen – Zaun, Baumrinde, Fassade – sind durch den das nicht einsehbare
Territorium eingrenzenden Zaun miteinander verbunden, aber auch durch das,
was sie jeweils verbergen. Das Bild (*Konstellationen, Ohne Titel* [London], 1977)
scheint einer Collage ähnlich zu sein, jedes der drei Bildelemente definiert sich
durch das Verhältnis zum jeweils anderen. In der Belichtung des Ausschnitts
wurde eine Bewegung losgelöst, in der die strenge, grafische Komposition in
unseren Raum der Wahrnehmung zurückgeführt wird. Die Speerblätter indi-
zieren eine Bewegung, die in den Kern, das Noema, die „Logik des Produziert-
seins" des Fotografischen geht. Sie transportieren das Bild, als hätten sie den Film
perforiert und als wäre die Perforation das eigentlich Bewegende der Fotografie. Sie reißen die Oberfläche auf, als haftete das Bild einer Wirklichkeit – ganz
epikuräisch – auf dem Träger an, nur um das unergründlich Dunkle aller
dargestellten Wirklichkeit zu verbergen. Die Dinge verschwinden hinter ihrer
Darstellung. Andreas Müller-Pohle führt den Rhythmus, in dem die Dinge unter
die Oberfläche abtauchen, zu Darstellungen einer Tonalität, die irgendwann noch
als das Rauschen der Entropie oder die stimmhafte Verlesung berechnender
Codes vernehmbar ist. Ob Oberflächen ikonografisch eingerissen werden, die
Bewegung des Fotoapparates die Dinge in eine Lichtströmung mitreißt, die
jeden Fleck einer Emulsion mit Signifikanz benetzt, oder ob Bilder auseinan-
dergerissen und zu neuen Zeitschnitten zusammengefügt werden – Andreas
Müller-Pohle denkt einen konsequenten Weg, der seine Arbeiten von Konfigurationen zu Defigurationen führt. Es ist, als wollte er sich mit Ablichtungen
nicht begnügen, sondern den Einfall des Lichts buchstäblich als den eigentlichen
„chronoskopischen" (Paul Virilio) Prozeß entweder zu einem allegorischen, nim-
mer endenden Verfall führen oder ihn wie in *Signa* oder den *Zyklogrammen* noch
nach den Belichtungen in chemikalischen Permutationen der Oberfläche per-
petuieren. Die *Konstellationen* waren Experimente, auszuloten, zu welchen Hin-
terlassenschaften die „revolutionäre Optik" der 20er Jahre für die perspektivi-

schen Konstruktionen noch zu bewegen war. Als Zitat nehmen die Arbeiten die Perspektiven der Moderne auf – stark geometrisierende Ansichten, Drehungen und Versetzungen des Horizonts, Umschichtungen architektonischer Hierarchien oder Rücknahme des Gegenständlichen zugunsten rein optischer Raumkonstruktionen. Als Experiment stellen die Fotografien die Wahrnehmung in eine Konstellation mit der Apparatur und den – mit Flusser gesprochen – Programmen ihrer Übersetzungen.

*II.*

Irgendwann gerieten die Bilder ineinander, wann ist nicht genau zu sagen. Als sie es aber taten, wurde der Raum zwischen ihnen – der Raum der Anschauung – einer grundlegenden Veränderung unterzogen. Das muß ungefähr geschehen sein zu einer Zeit, da die Augen nicht mehr auf die Bilder schauten, den Bildern in der allgemeinen Beschleunigung keine Blicke mehr entsprechen konnten und nur mehr Bilder in die Bilder fielen. Der Fall der Bilder war eigentlich aber der Fall des Blicks, und gefallen ist das elementare Verlangen, den Bildern jenen Zuspruch ablesen zu wollen, der das Menschliche an seiner Darstellung messen ließe und es in die Schranken des Historischen stellte. In der Klage Baudelaires gegen Mitte des letzten Jahrhunderts, seine Augen hätten sich im Louvre an den Bildern gerieben wie zwei blutige Lottokugeln, klingt noch die äußerste Anstrengung an, im Blick des Erblickten habhaft zu werden, dem Auge jene taktile Qualität abzuverlangen, die es in der Entfernung dennoch das Ferne berühren läßt. Baudelaires bildhafter Vergleich seines Augenpaares mit einem Paar von Lottokugeln benennt sowohl die Willkür wie auch den Zufall, die Glück, Lust, Begierde, Enttäuschung, Sehnsucht oder Verhängnis eines Blicks bestimmen. Welcher Art ist die zeitliche Konstellation dieses Blicks? Die Zeit wird von der Erwartung Baudelaires bestimmt, im Bild sozusagen einen „Treffer" zu landen, daß dem Blick in der augenblicklichen Konstellation im Bild entsprochen wird. Es ist eine Gleichung mit zwei Unbekannten, zu rechnen nur mit dem Raum, der Blick und Bild voneinander trennt. Von einer kausalen Verbindung ist nur bedingt auszugehen, sie läge in der perspektivischen Konstruktion. Der Blick um die Mitte des 19. Jahrhunderts herum fällt in eine historische Konstellation mit dem Ort, dem Stil, dem Rahmen und der Technik des Bildes. Dem rezeptionsästhetischen Erwartungshorizont ließe sich anhand bestimmter Realien (Sozialisation, Urbanisierung, Technisierung und so weiter) näherkommen. Unbestimmbar aber bleiben die „blutigen" Auswirkungen des „Treffers". Er, dessen Eintreten zu berechnen wäre, macht eine jede Berechnung zunichte. In ihm wird das zeitliche Momentum ebenso unkalkulierbar – also meßbar an seiner Berührung mit Vergangenem wie Künftigem –, wie wir es von einer Epiphanie vermuten würden.

### *III.*

Begonnen mit den *Konstellationen,* konfiguriert Andreas Müller-Pohle Bilder zu organischen, chemischen Zeitwucherungen und zu anorganischen, physikalischen Zeitschnitten. Dem Referential, also dem Prozeß physikalisch-chemischer Abbildung, steht das Differential gegenüber, die autopoïetische Generation von Bildern. So wie der Referent im ersten Prozeß ins Bild gezogen wird, generiert im letzteren der Prozeß die Regeln innerbildlicher Referenz. Das Differential meint die unterschiedlichen Formen der Übersetzung im Bild und die Geschwindigkeit, in der sich die Schichten diffundierender, nicht mehr erkennbarer Wirklichkeit auf die Bildoberfläche legen. Die Zeit hat sich in den jeweiligen Verfahren unterschiedlich eingenistet – als kalkulierbare Zeit der Belichtung und als zufällige Zeitspanne defigurierender und dekonstruktiver Permutation von Oberflächen. Die Polaroids *(Signa)* – Aufnahmen urbaner Wahrzeichen – zeigen, wie eine Desynchronisierung von Belichtung und Entwicklung zu einer chemikalischen Zerrüttung der Oberfläche führt, die jedes Bauwerk im Abbild ruiniert. Die Bilder entwickelten sich in der Zeit der Reise. Entgegen der Vorschrift des Herstellers, nach 60 Sekunden das Positivbild vom Negativ zu trennen (Polaroid, Typ 665), hatte Müller-Pohle den Vorgang erst bei der Rückkehr von der Reise eingeleitet. Die Wahrzeichen einer Stadt bündeln die Blicke der Reisenden vor Ort, in den Postkarten oder Souvenirs, die sie kaufen, tragen die Menschen das Bild nach Hause. Die Filme werden entwickelt, Alben gefüllt, und das Wahrzeichen wird zum Satzzeichen in den Erinnerungen, die man sich erzählt. Die *Signa* haben die Eigenart, daß durch eine List die Wahrzeichen der

Ferne nur sehr bedingt noch erkennbar sind. Aber sie haben sich mit der Penetranz der Chemikalien bis zur Unkenntlichkeit in den Träger eingefressen. Einige Bilder der *Signa* gleichen Fresken, und der Betrachter fragt, wann je im Medium eine Erinnerung Aktualität berühren kann.

Es wäre übereilt, zu behaupten, Andreas Müller-Pohle arbeite am Verschwinden der Gegenstände aus der Fotografie oder an der Vernichtung der Referenz, des Referentials. Eher könnte man sagen, er nimmt den Bildern das Gesicht, das ihnen der Augenblick der Belichtung gab, indem er die Fotografien in eine ganz andere Ökonomie des Sehens versetzt. Diese handelt nicht mehr von der Suche nach dem Gesicht der Welt, des Gebauten oder Geliebten in der Fotografie. Das Gesicht der Dinge ist bei Müller-Pohle aus dem Blick geraten. Nur ahnend können wir eine imaginäre Rückführung der Fotografie in ein raum-zeitliches Kontinuum vornehmen und einen kausalen Zusammenhang zwischen Bild und außerbildlicher Referenz allenfalls vermuten. Eine bedeutende Funktion für die im Unbestimmten endende Bildwerdung nimmt bei vielen Arbeiten Müller-Pohles der Zufall ein, wenn also das Bild eine Reaktion in unvorhersehbarer Weise *bildhaft* bezeugt. Dann sind die erwähnten Lottokugeln Baudelaires über das Bild gerollt, haben sich vom Gesicht gelöst und dem Bild selbst anverwandelt. Der Zufall will es, daß dem Bild sozusagen posthum etwas zustößt.

In einem seiner letzten Texte schrieb Vilém Flusser über ein griechisches Tempelfries. Es zeigt das mythische Szenario vom Zufall *(Tyche)*, der von der Notwendigkeit *(Anánke)* verfolgt und gejagt wird. Vilém Flusser schreibt: „Wenn nämlich alles Folge von Ursachen ist und seinerseits Folgen zeitigen wird, wenn nämlich alles lückenlos in Kausalketten gereiht ist, dann ist weder ein Sehnen nach einem Ziel noch ein Entsetzen vor geheimen, unerforschbaren Antrieben gestattet. Wenn ich selbst und alles, was ich tue oder lasse, von vorneherein bedingt ist und nach hinten hinaus voraussichtlich, dann kann ich weder die Verlockungen des Glücks noch die Peitschenhiebe des Schicksals empfinden.“ Für eine Ontologie der Fotografie ist die Ablichtung des Menschen von grundsätzlichem Schicksal. Andreas Müller-Pohle ist einen anderen Weg gegangen. Schon in den *Transformances* wird ein Spiel zwischen Notwendigkeit und Zufall inszeniert. Bei 10 000 zu machenden Aufnahmen fallen die Dinge in die Kamera, ohne daß ein Blick sie gesucht hätte. Die Bilder wurden aus der Hand heraus gemacht. Mit dem Apparat wurde sozusagen die Geste eines Blicks simuliert, der nie je gesehen hatte, was in sein Blickfeld fiel. Die willkürlich hoch gewählte Anzahl der Fotografien mag in einem Zusammenhang stehen mit den unzähligen ungesehenen Bewegungen des Alltags, die irgendwelche Funktionen erfüllen, denen aber, einmal ins Licht gebracht, nur noch eine abstrakte räumliche Gegenwart bleibt. Allerdings ist der Zufall hier selbst schon Programm, und gefragt wird, wie sich die kreuzenden Bewegungen von Licht und Apparatur im Bild konkretisieren. Von Bernd Busch stammt die schöne Bemerkung, Müller-Pohle frage mit seiner Arbeit *Entropia* nicht mehr nach dem, „was in der Fotografie aufgehoben ist", sondern er gehe „der Aufhebung der Fotografie" nach.

### *IV.*

Das *Was* in der Fotografie ist Erinnerung, die Aufhebung der Fotografie das Denken des Mediums in der Lesbarkeit der Spuren, aber jenseits des in ihnen eingelassenen Lebens. Für die französische Übersetzung des Hegelschen Begriffs der Aufhebung hatte Jacques Derrida das Wort „relève" vorgeschlagen. Es bedeutet sowohl im Hegelschen Sinne die Aufbewahrung als Negation des Gegebenen, eine Derealisierung oder ein Verschicken in die Latenz, als auch eine Ablösung, wie beispielsweise eine Wachablösung. Als wäre ein Zeuge durch einen anderen zu ersetzen, um das gesellschaftliche Kollektiv als eine kontinuierliche Zeugenschaft zu begreifen. Schon in *Dacapo I* und *Dacapo II* hatte Andreas Müller-Pohle stereotype Postkartenansichten durch Projektionsmontagen und das Auskratzen von Oberflächen zu singulären Zeugnissen verfremdet. Die Polaroid-Serie *Signa* kehrt den Schnappschuß der Sofortbildkamera in eine biochemische Introspektion und vermittelt den Eindruck einer Erinnerung, die zu keiner Gegenwart mehr gelangen könnte. *Signa* sind die Zeichen der fotografischen Dekomposition, innerhalb derer die Dinge der Anschauung sich mit der Chemie ihrer Repräsentation derart vereinen, daß jedes Gegenüber des menschlichen Blickes radikal in fantasmatische Konstruktionen stürzt. Die Fotografie wacht nicht mehr über die Dinge. Die Perfektion der medientechnischen Apparaturen hat allen Dispositiven der Aufzeichnung, Speicherung und Kommunikation jegliche Glaubwürdigkeit in der Bezeugung des Realen genommen. In der kurzen Geschichte der fortschreitenden Technisierung der visuellen Zeugenschaft war die Fotografie die erste optische Lüge, der ebenso willig gefolgt wurde wie der falschen Maria in Fritz Langs Film *Metropolis*. Die „Aufhebung der Fotografie" würde bedeuten, daß man heute der schrittweisen Überführung des Mediums in den "analogo-numerischen" Code (Bernard Stiegler) mit der historischen Bürde antwortet, die die Fotografie in dem „optisch Unbewußten" hinterlassen hat.

### V.

Wenn das Gesicht nun aus dem Blick entlassen ist und jene Zeugenschaft, die wir immerzu anrufen, um das Verschwinden zu sammeln, keinen wirklichen Eindruck im Medium mehr hinterläßt, dann werden wir uns zukünftig mit einer grundlegend anderen Form von Gedächtnis und Erinnerung auseinanderzusetzen haben. Müller-Pohle hat in seinen Arbeiten der 90er Jahre die Erkennbarkeit historischer Stereotypen thematisiert, es ging ihm offensichtlich um die Werte des Archivs, des kollektiven Gedächtnisses und um sozusagen den darstellerischen Wert dessen, was erinnert werden kann. Die Serie *Perlasca Pictures* (1992) entstand im Zusammenhang mit einem Film von Nina Gladitz über den Italiener Giorgio Perlasca, der mehrere Tausende Juden in Budapest vor dem Tod retten konnte. Die in den Film eingestreuten Fotografien Müller-Pohles wirken wie ein Aufbegehren gegen die vollendete Zukunft der Fotografie, und sie bedenken mit dem Medium die Unmöglichkeit einer posterioren Zeugenschaft.

Die Arbeit *Digitale Partituren* (1995–1998) entläßt das Dokument, das die Erfindung der Fotografie selbst bezeugt – die von Nicéphore Niépce belichtete Aussicht aus seinem Zimmer in St. Loup de Varennes 1826 –, aus dem Reigen visueller Zeugenschaft, übersetzt es in den binären Code und gestaltet dann den alphanumerischen Code der im Bild verschlüsselten Informationen zu einer achtteiligen Partitur. Während die *Perlasca Pictures* als ein falsches Dokument historische Ereignisse im Licht des Heute begleiten, zersetzen die *Digitalen Partituren* die geradezu mythische Visualität der ersten überlieferten Fotografie zu einer Kryptografie, die als visuell nicht rekognizierbare Information zum Bild wird. Die visuelle Übersetzung historischer Inhalte geschieht gemäß ihrer darstellerischen Werte und dem Kanon, der diese als historisch erkennbar erweist. Die digitale Auflösung eines Bildes zu universell generierbaren Codes verfährt nach einem Programm und ungeachtet der darstellerischen Werte. Gleichwohl gibt es einen Kanon, und kein Kanon hat in der abendländischen Geistesgeschichte sich so schnell bilden können wie der der diskreten Einheiten (Bits). Als Kanon *übersetzt* der Code nicht, sondern er *setzt* und *entsetzt*. Die Folgen können in der Halluzination liegen, das heißt, eine Wirklichkeit wird nicht mehr mimetisch nachgebildet, sondern eine neue technisch und mental gesetzt (der erste Theoretiker der Virtual Reality ist Freud gewesen); es kann aber auch bedeuten, daß mit dem digitalen Code ein Ereignis seiner Einbettung in das raumzeitliche Kontinuum aktiv entsetzt wird. In beiden Fällen sind die Folgen nicht absehbar.

### *VI.*

Als das Gesicht aus dem Blick geriet, begann man über das Interface nachzudenken. Ein Gesicht mußte geschaffen werden, das zwischen der Überhand der Bilder und der Rückbildung des Blickes zu vermitteln hätte. Nicht das Auge leidet, aber seine intentionale Apparatur. Interface nennt man heute die Schnittstelle zwischen Mensch und Computer; es hat sozusagen die Information, die wir von einem menschlichen Gegenüber erwarten würden, auf den wesentlichen Wert der Funktionalität zu verdichten. Das Interface, ein „Zwischen-Gesicht", eine Maske, die wir uns als vermittelnd wünschen, ein *Face Code*, den wir selber schrieben; eine Blende, nicht mehr der Kamera, die Licht zur Zeit der Darstellung sortiert, sondern aller menschlichen Kommunikation, die im Geheiß des Interface als mögliche schon vollzogen wäre:

> „Nein – es ist maske nur und zier die gleisst:
>
> Erlesnes mienespiel in seltnem lichte.
>
> Sieh her! hier ist in wildem krampf gereckt
>
> Der echte kopf mit wahrem angesichte
>
> Vom lügenhaften angesicht verdeckt." (Charles Baudelaire)

Baudelaire konnte noch zwischen Wahrem und Lügenhaftem unterscheiden und im Blick das eine das jeweils andere verbergen lassen.

Das Interface kennt eine Ansicht nur als die Vermittlung eines Programmbefehls. Ihm kommt die Bestimmung der Jetztzeit zu, die jede Geste in der Zukunft als eine bereits geordnete, dem Rezeptakel entsprechende zu antizipieren hätte. Ihm entspricht, was Vilém Flusser als das Zeiterlebnis des Technoimaginären beschreibt. Für die „Technoimagination" sei die herkömmliche Ontologie, Gegenwart als Passage zwischen Vergangenheit und Zukunft zu begreifen, „ein klassisches Beispiel für Wahnsinn". Nur die Gegenwart sei wirklich, „weil diese der Ort ist, an welchem das nur Mögliche (die Zukunft) ankommt, um verwirklicht (eben gegenwärtig) zu werden". Das Interface hat in seiner Handhabung das Zukünftige komputierbar zu machen. Die *Face Codes* von Andreas Müller-Pohle überschreiben digitale Video-Stills von Menschen, aufgenommen in Japan, mit den Codes ihres Gesichtes als Bild (wiederum übersetzt in japanische Schriftzeichen). Was wir Ähnlichkeit nennen und wofür das Medium Fotografie als Äquivalenz immer angeführt wurde, entspringt einem historischen Habitus. In den *Face Codes* erscheint er noch als ein Zitat. Die Überschreibung des Bildes mit den ihm zugrundeliegenden Informationen definiert Ähnlichkeit nun aber als eine komputierbare Größe, für die tatsächlich eine Ontologie ohne Eindruck bleiben muß.

### *VII.*

Die Videoarbeit *Sojourner II* wurde der bekannten Exploration der Marsoberfläche durch das von der Erde ferngesteuerte gleichnamige Gefährt nachempfunden. Mit dem Unterschied allerdings, daß Müller-Pohle in diesem Fall einen kleinen digitalen Bilderschlucker lenkte (eine Videokamera, auf ein ferngesteuertes Auto montiert) und ihn zugleich im Auge behalten konnte. Der Ort des Geschehens heißt Marsdorf, dezidiert besiedelt also in der Nähe von Dresden, und die zufällige Homologie bezeichnet zwar grundverschiedene „Orte", bedeutet aber zugleich die Verortung von Zufall im Sinne Flussers, das Mögliche ankommen zu lassen. Die von dem *Sojourner II* aufgenommenen Videosequenzen von Feldwegen, Baustellen oder verlassenen Militäreinrichtungen werden in der Arbeit selbst zu kaum identifizierbaren Kondensaten von jeweils fünf bis zehn Sekunden Bilderfluß konzentriert. Der Ort, ob Mars oder Marsdorf, hat seine Bedeutung als identitätswirksame Lokalität eingebüßt. In einer Zeit der medientechnischen Verschaltung gibt es den klassischen Ort nicht mehr, wie vor einigen Jahren Peter Eisenman schrieb. So ortlos sind auch diese digital verdichteten Momente, denen keine Gegenwart abzulesen ist, die vielmehr nur das Moment Zeit als Information tragen. Somit ist diese Zeit in keinem historischen Satz zu fassen, durch kein Syntagma der Temporalität, und kann am Ursprung einer Zeit der Komputabilität stehen.

*VIII.*

Der Serie *Signa* folgten Anfang der 90er Jahre die *Zyklogramme.* In ein rundes, mit Entwickler gefülltes Gefäß wurde ringsherum ein Fotopapier eingelegt. Das Gefäß wurde sodann mit Fotografien angefüllt, die im Schredder zu Konfetti oder Streifen zerkleinert worden waren. Die Bilder entstanden im Licht der Zeitpartikel, zeigen Lichtbahnen und ein Gestrüpp von Zeitvektoren, die in den Turbulenzen der Flüssigkeit durcheinandergeraten sind. *Zyklogramme* und *Entropia* teilen die Verwertung von Bildmaterial miteinander. Bei beiden ist die Zerstörung von Ansichten der Ursprung eines bildgebenden Verfahrens, ob als Video oder als Fotogramm. Bei beiden ist das rezyklierende Moment entscheidend für die Wiedergabe des Bildes. Die Defigurationen führen den Blick ab von dem Drang, etwas wiedererkennen zu wollen, um die Zeit des Bildes in die Zeit der Anschauung zu legen. Von den *Konstellationen* an hat Müller-Pohle konsequent ein experimentelles Œuvre angelegt, das sich von der Darstellung der Dinge hin zu der Vermittlung ihrer Undarstellbarkeit bewegt hat. *Interfaces* wird man die Arbeiten nennen können, die Gesichter sind aus dem Blick, und Andreas Müller-Pohle läßt die Bilder im Aufbruch zur ewigen Zeitgenossenschaft kommunizieren.

# Konstellationen *Constellations*, 1976–1979

Die *Konstellationen* sind Wahrnehmungsübungen in Kenntnis der historischen Vorgänger der fotografischen Avantgarde. Der fotografische Blick wurde in den 20er Jahren von Alexander Rodtschenko, László Moholy-Nagy, Raoul Hausmann und anderen in eine dialektische Konstellation zu dem anthropologisch eingeübten Blick gesetzt: Drehungen der Perspektiven, Enthierarchisierung der Bildgegenstände etc. Das Bild ist nicht Abbild einer Realität, sondern Widerstand. Die Gegenstände hier rücken aus der Mitte an den Rand, der nur Leere umschließt. Die Dezentralisierung führt zu einer grafisch formalen Gewichtung des Bildes.

The *Constellations* are exercises in perception which acknowledge the historical predecessors of the photographic avant-garde. In the 1920s, Aleksandr Rodchenko, László Moholy-Nagy, Raoul Hausmann and others placed the photographic gaze in a dialectical relationship to the anthropologically conditioned gaze: rotating perspectives, the de-hierarchization of the subjects photographed, etc. The image is not a reproduction of a reality, but opposition. Here the subjects shift from the center to the periphery, which encompasses only emptiness. This decentralization leads to a graphically formal weighting of the image.

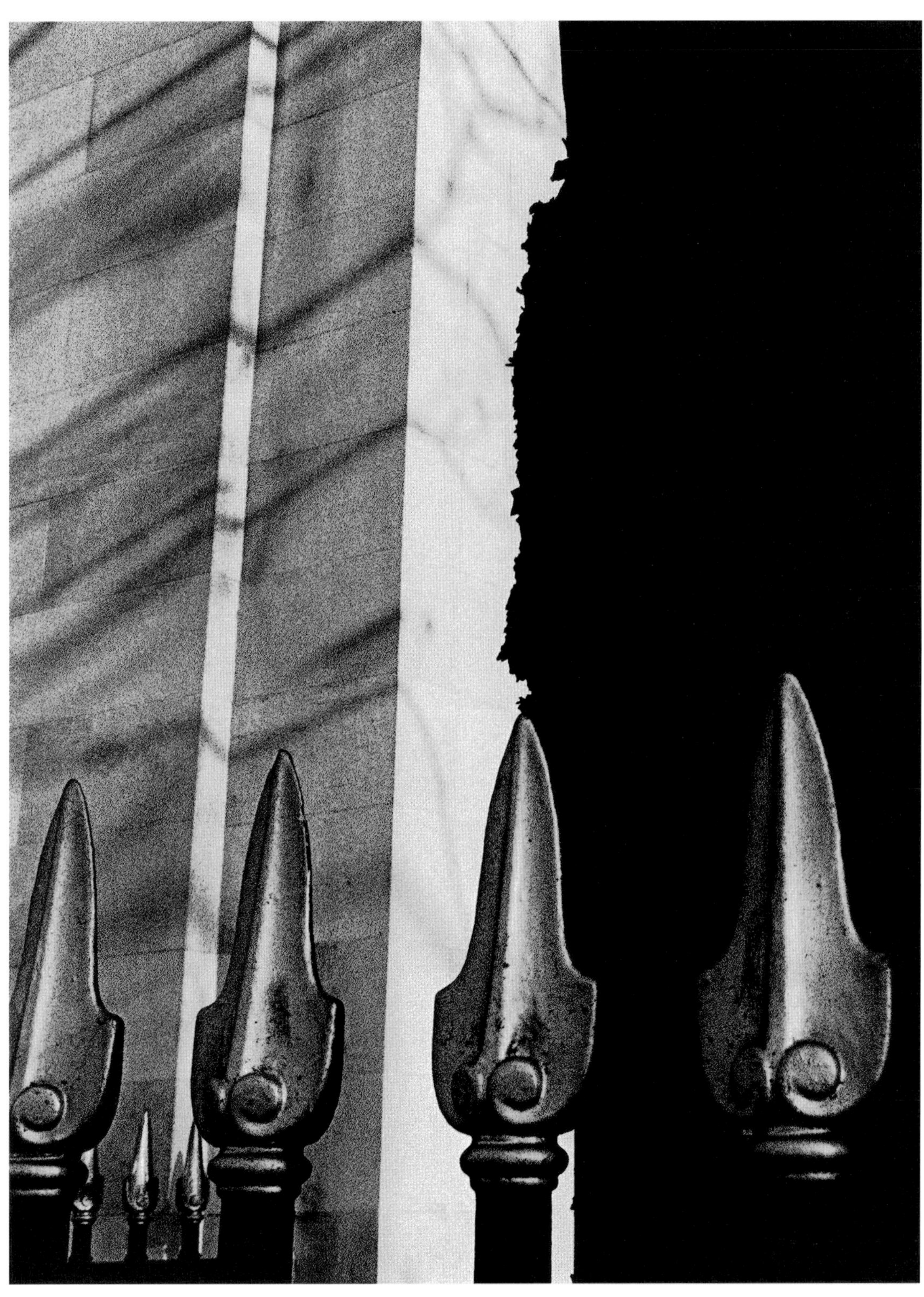

Konstellationen. Ohne Titel *Constellations. Untitled* (London), 1977

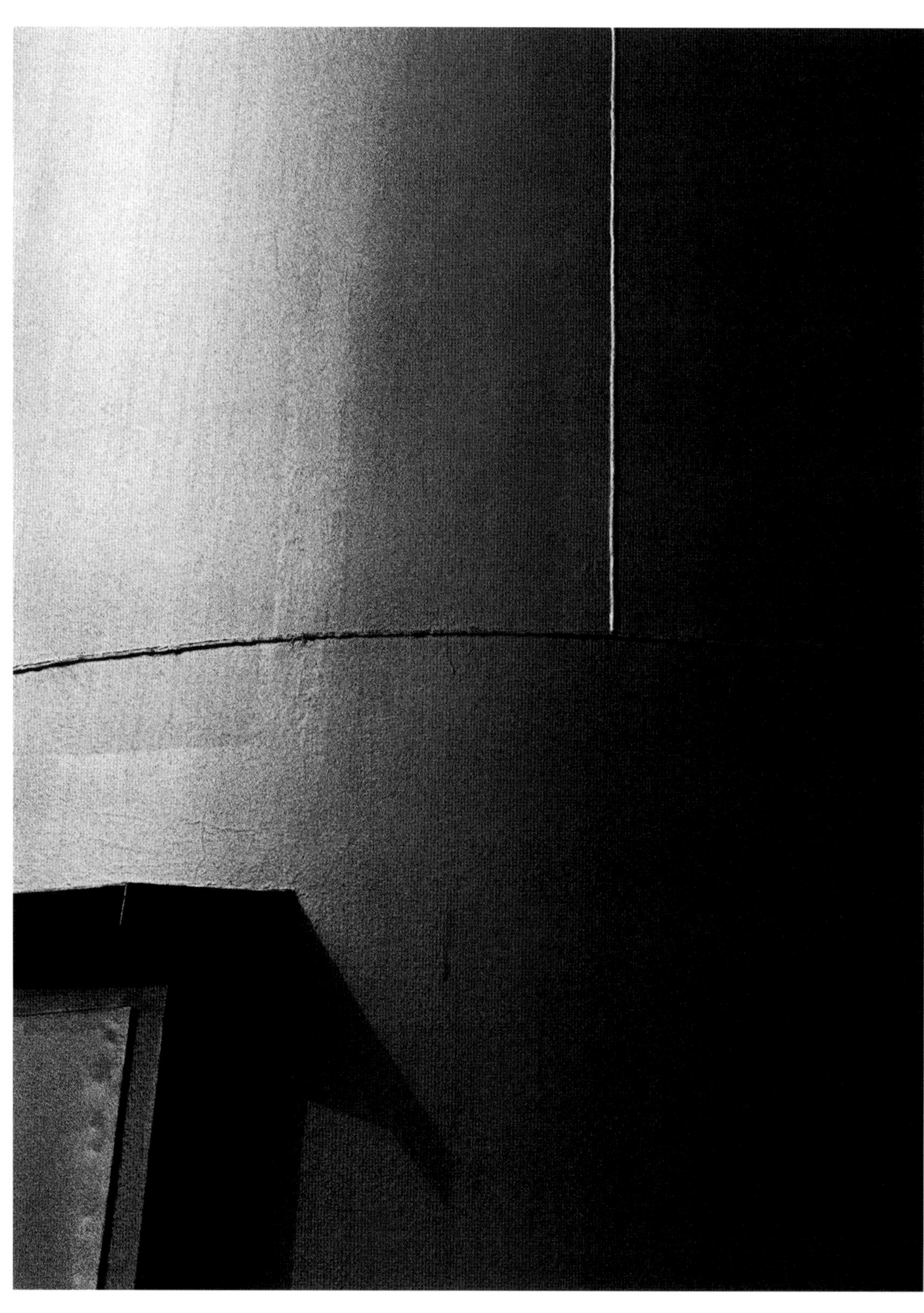

Konstellationen. Ohne Titel *Constellations. Untitled* (Stuttgart), 1977

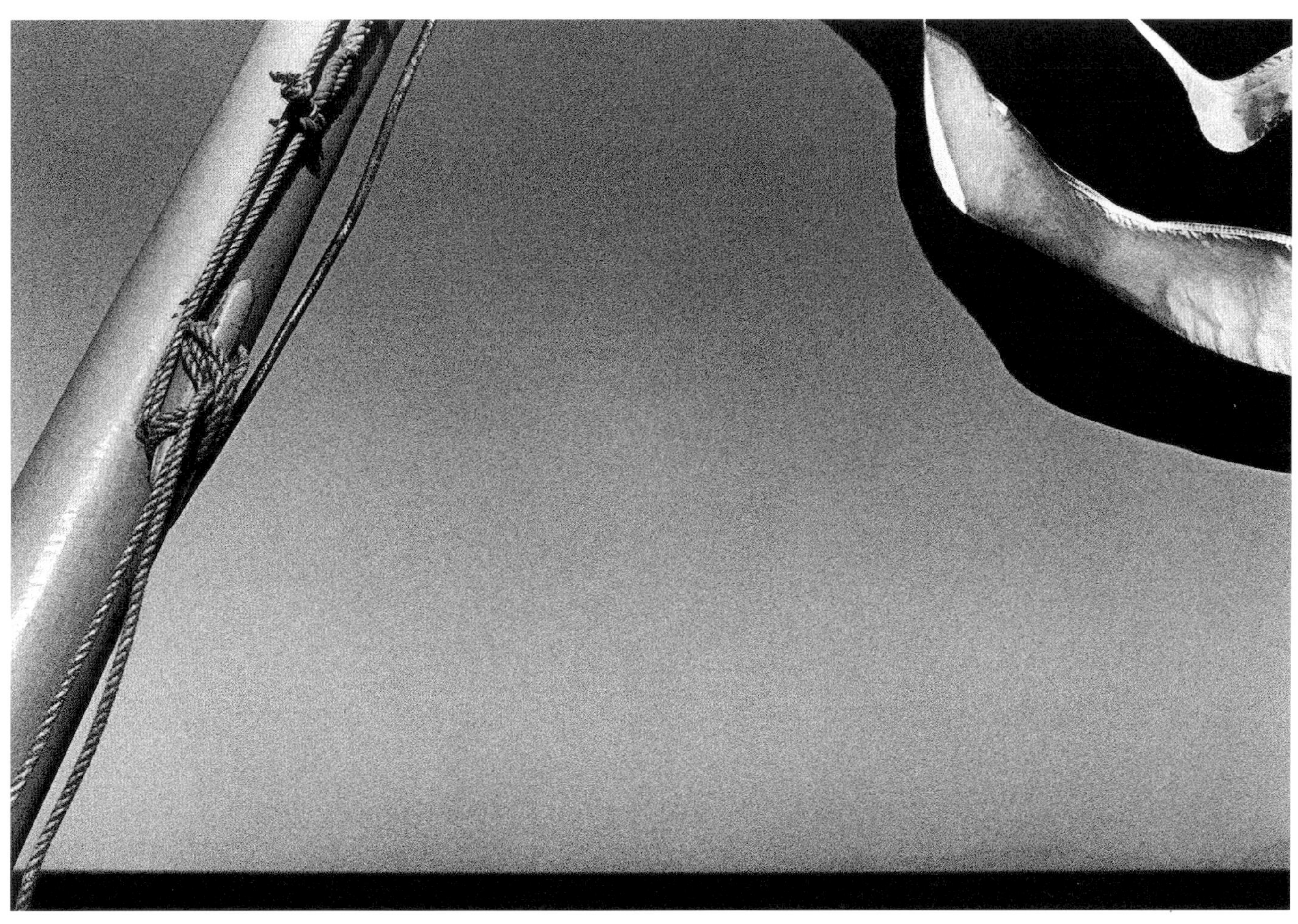

Konstellationen. Ohne Titel *Constellations. Untitled* (Ägäis *Aegean Sea*), 1978

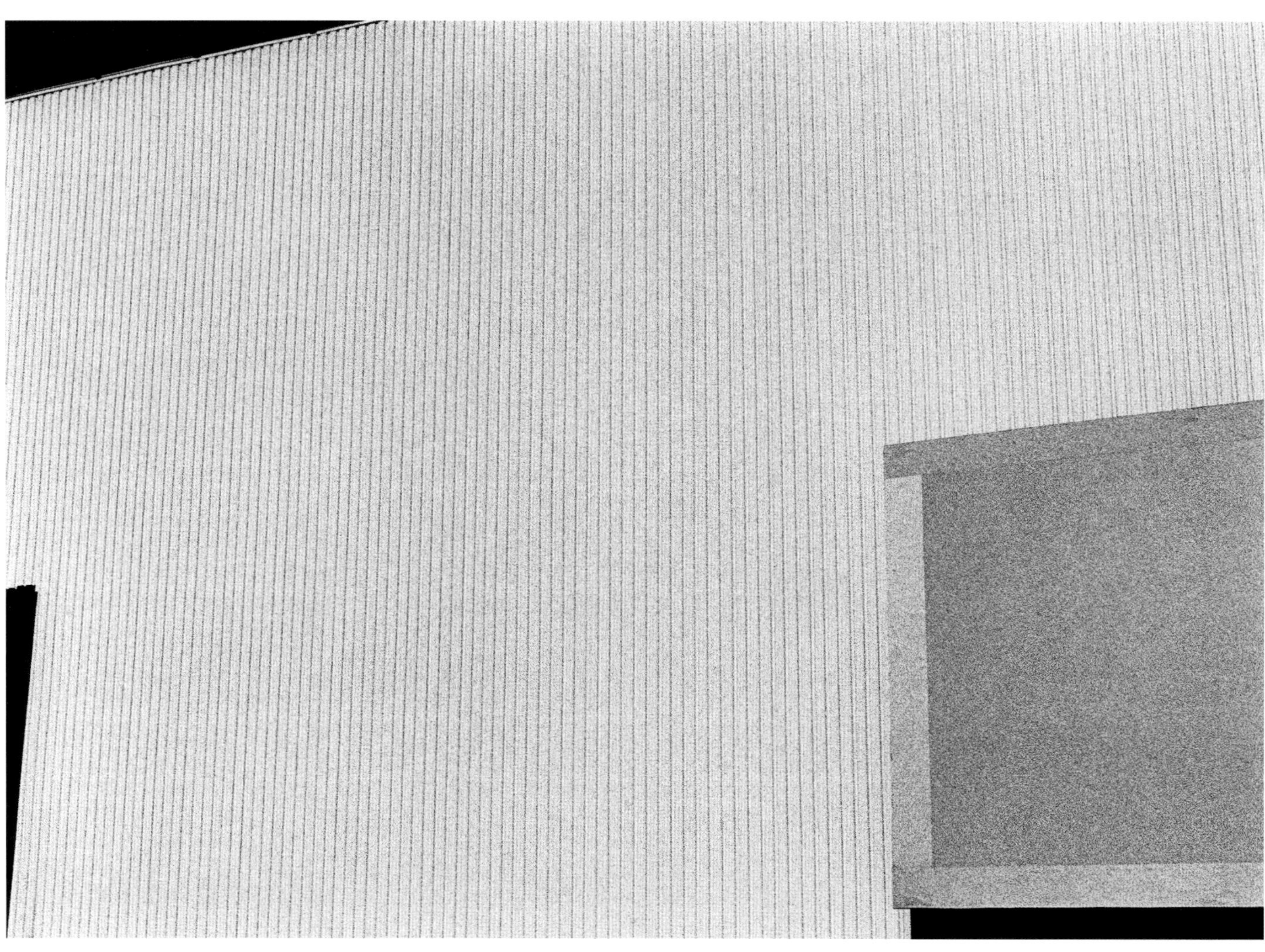

Konstellationen. Ohne Titel *Constellations. Untitled* (Bad Sooden-Allendorf), 1979

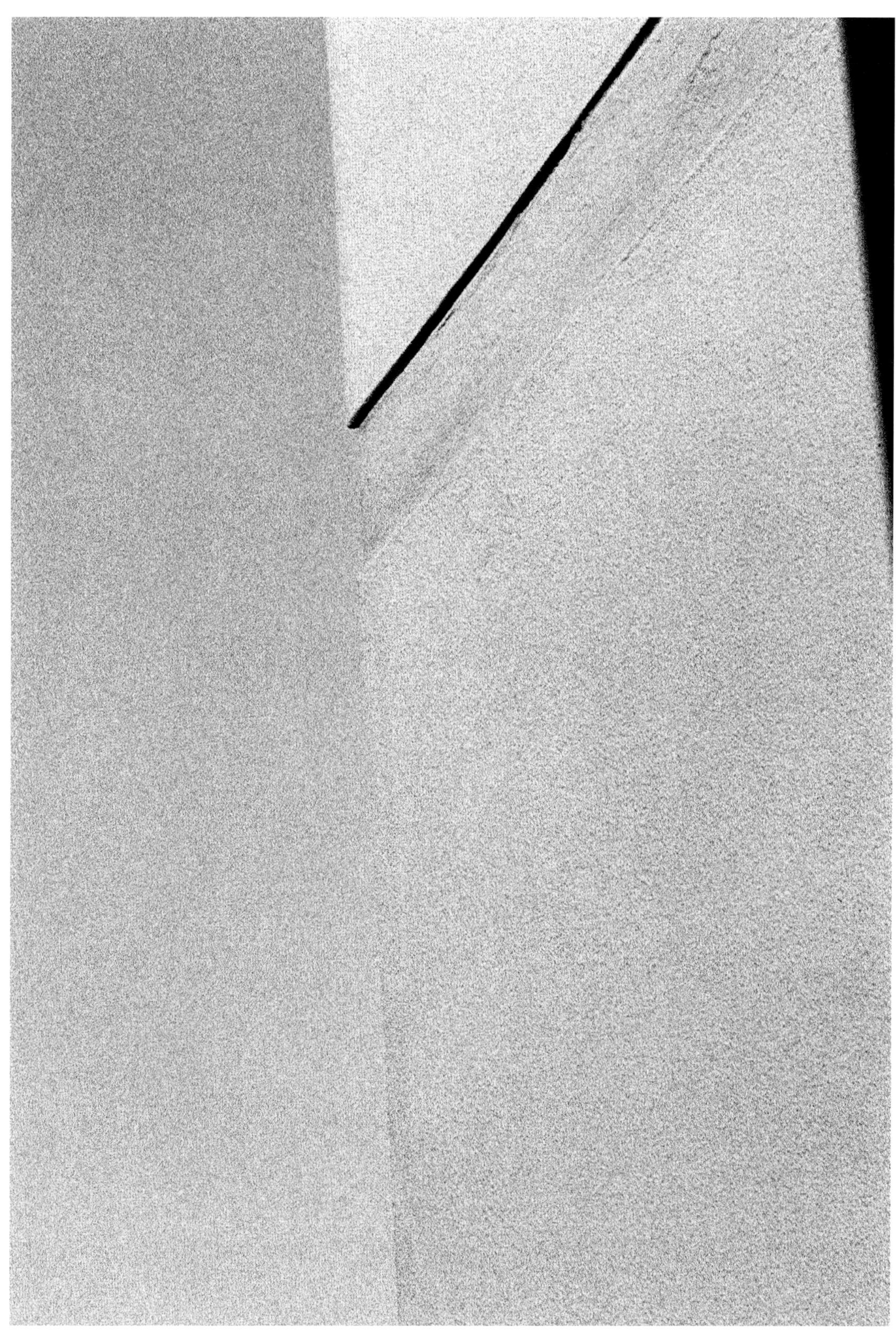

Konstellationen. Ohne Titel *Constellations. Untitled* (Pisa), 1979

# Transformance, 1979–1982

Eine Zahl von 10 000 zu machenden Aufnahmen wurde gesetzt.
Ohne durch den Sucher zu blik-
ken, wurden sie aus Bewegungen
heraus aufgenommen. Der fotografische Akt wird programma-
tisch als Akt des Zufalls bestimmt,
der Zufall selbst dann wiederum
zwischen Bewegung und fotografischer Fixierung gefaßt. Der Neo-
logismus *Transformance* (Transfor-
mation/Performance) bezeichnet
den aktiven, aber optisch unbewußten Eingriff in das raumzeitliche Gefüge.

The decision was to take a total of
10,000 photographs, in motion and
without looking through the view-
finder. The photographic act is
thus deliberately determined as an
act of chance, and chance itself is
caught between movement and
photographic fixing. The neo-
logism *Transformance* (transforma-
tion/performance) designates the
active but optically impassive
intervention in the space-time-
continuum.

Transformance 3590 (Göttingen), 1980

Transformance 5958 (Arles), 1981

Transformance 4902 (Schönberg), 1981

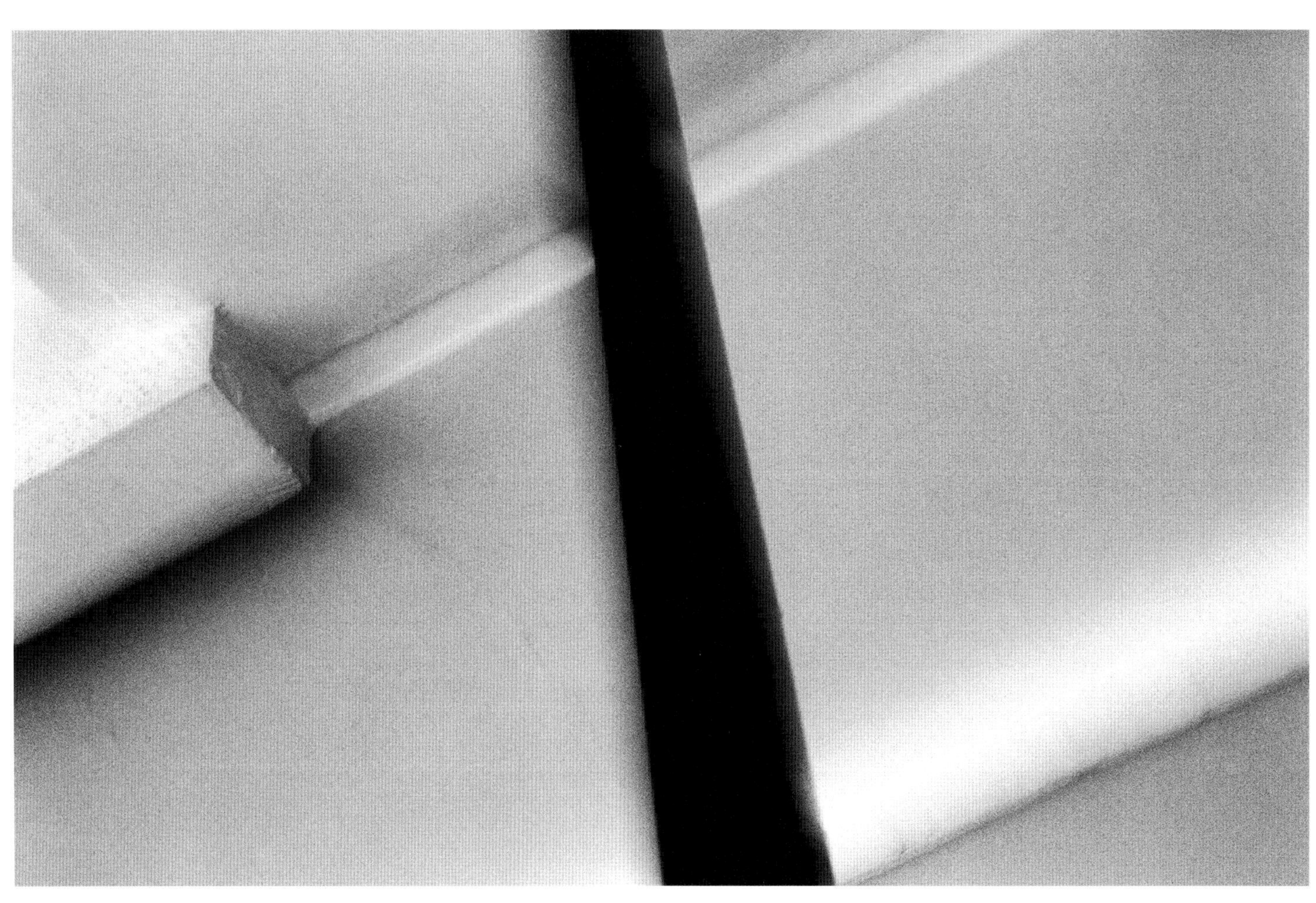

Transformance 3976 (London), 1981

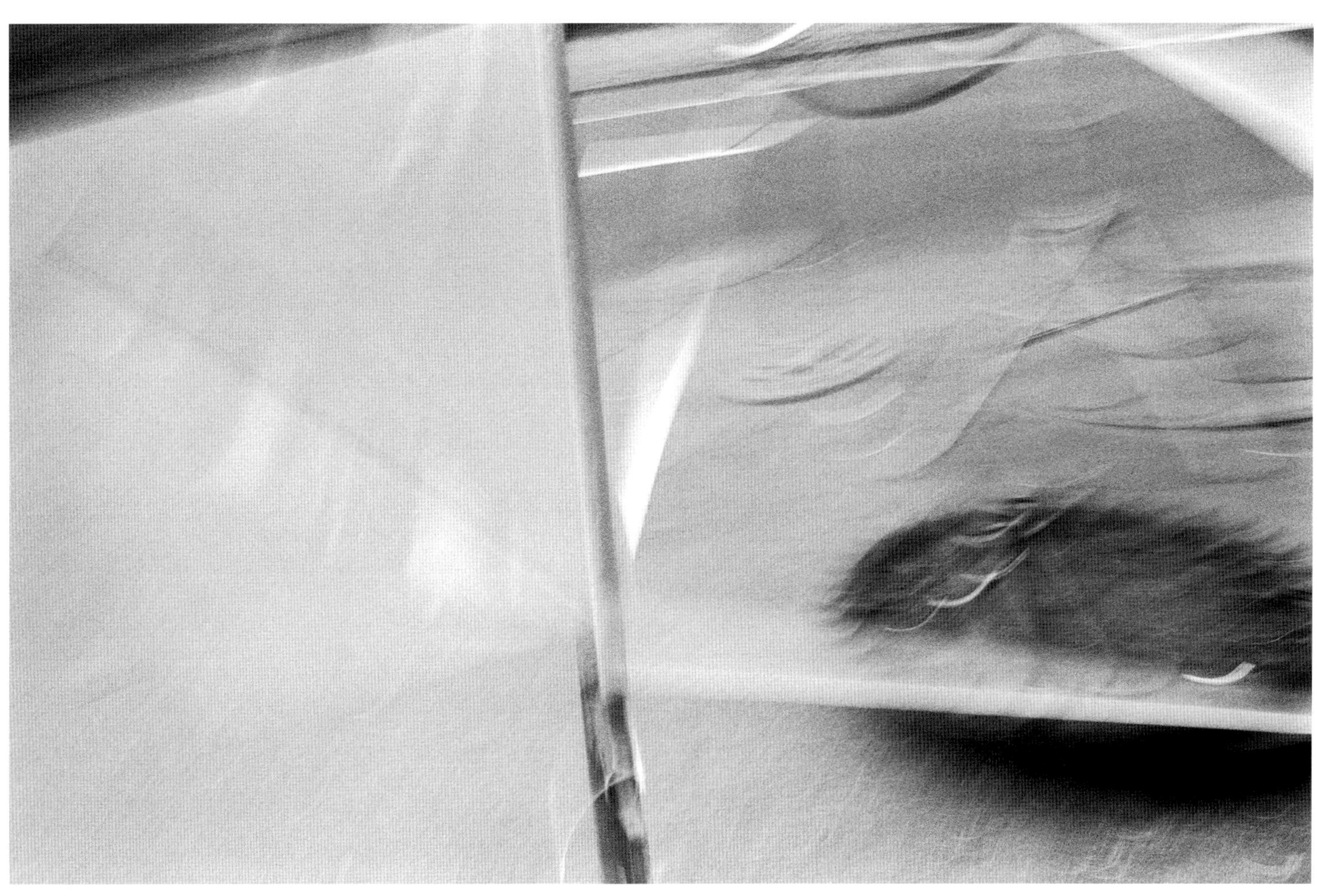

Transformance 7389 (New York), 1982

## Albufera, 1985

Ein Projekt zur Landschaft Albufera bei Valencia mit der Maßgabe der Störung traditioneller Landschaftsfotografie. Mit zerrissenen Negativen wird das Bild zu einem Kompositum verschiedener Bilder und Zeiten. Es werden Zeitschnitte zueinander gesetzt, und der Gegenstand des Bildes gewinnt durch die Zerstörung der ursprünglichen Aufnahme eine Zeit, die keiner linearen Zeitenfolge mehr entspricht.

A project on the Albufera landscape near Valencia, with the objective of disturbing traditional landscape photography. The torn negatives turn the photograph into a compound of different images and times. Snippets of time are arranged next to one another, and thanks to the destruction of the original take, the subject of the photograph acquires a time which no longer corresponds to any linear time sequence.

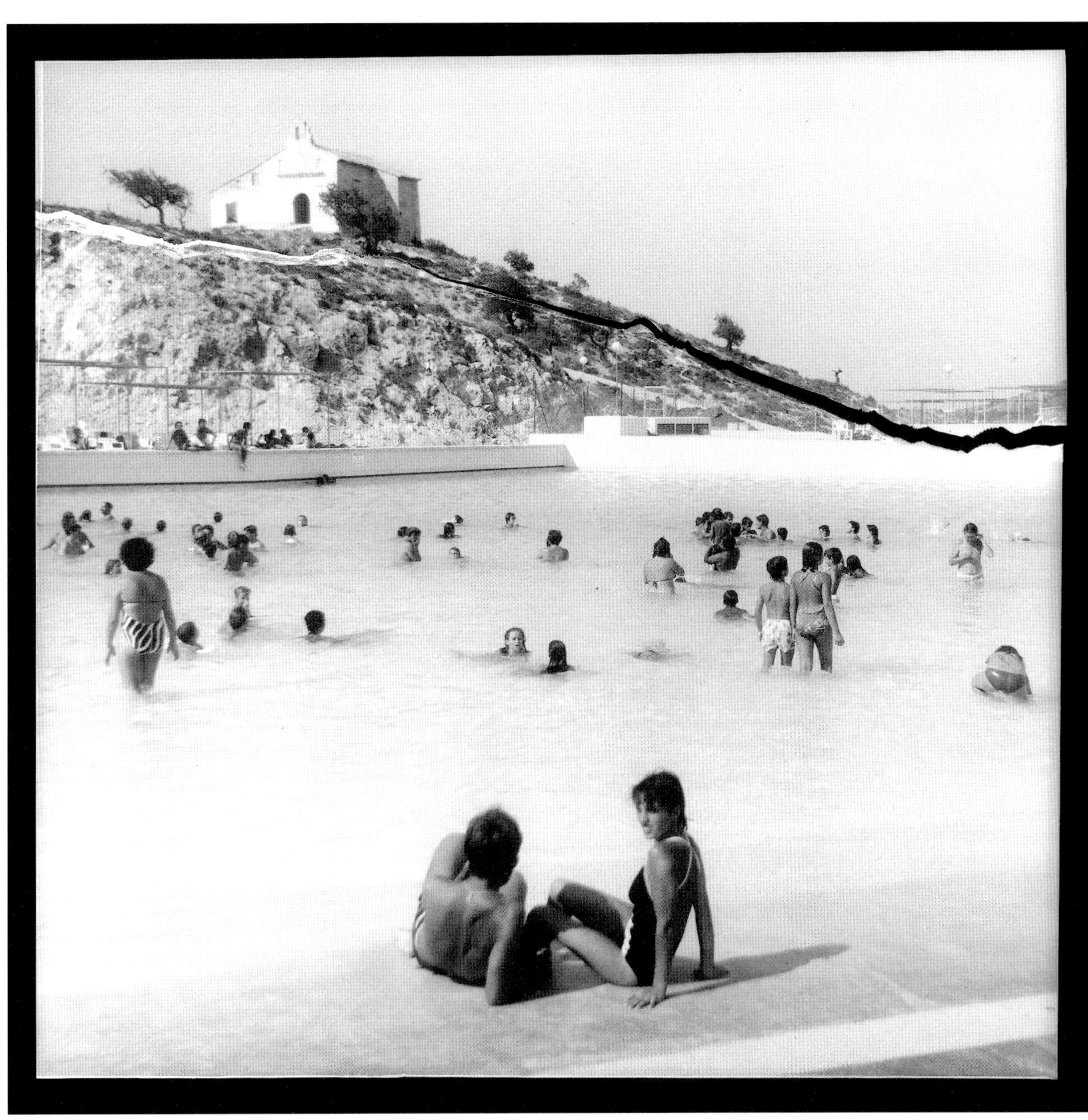

Albufera IV, 1985

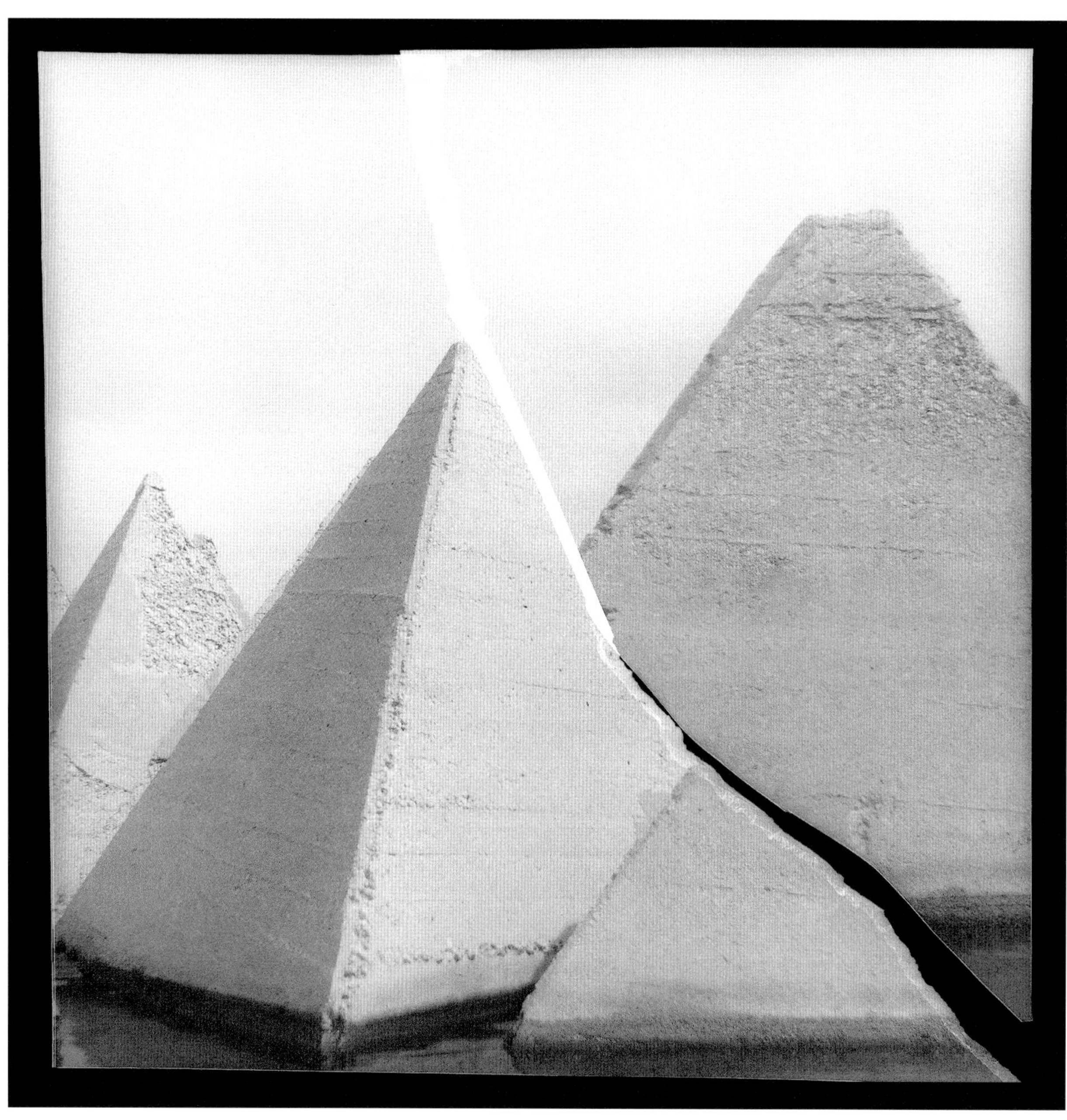

Albufera I, 1985

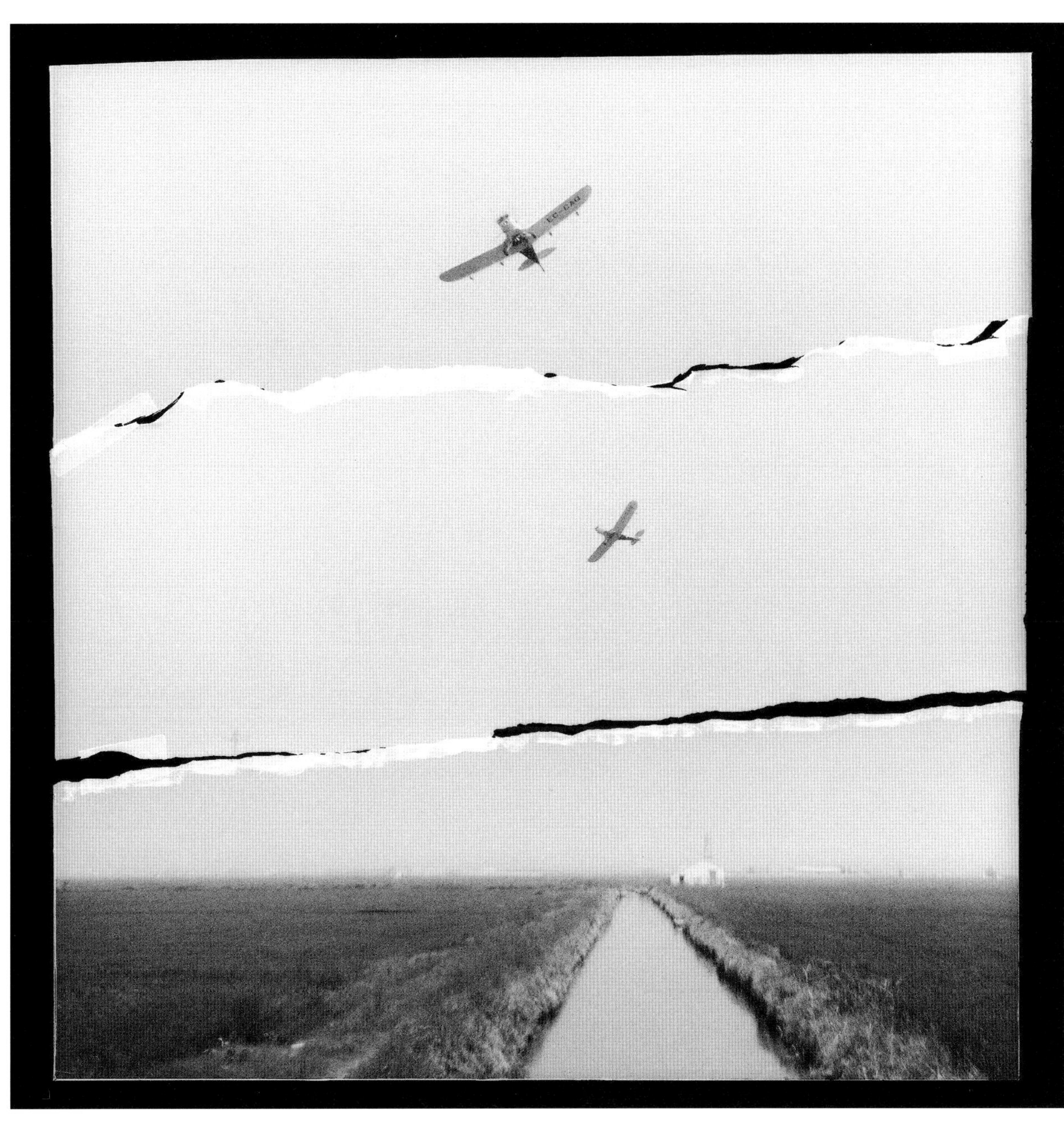

Albufera II, 1985

## Dacapo I, 1988–1991

Die beiden *Dacapo*-Zyklen bearbeiten die Bildökonomie des Kitsches in ihrer naheliegendsten Form der Postkarte. In dem Gedanken, daß nicht die Realität den Bezugsrahmen des Bildes, sondern das Bild die Referenz der Realität bestimmt, werden Postkartenmotive ihrem Bezugsrahmen entzogen und in Projektionen montiert. Die zu Klischees von Postkarten geronnene Identität eines Landes oder einer Stadt wird durch Überlappungen von Negativen aus ihrem Bildkanon gerissen.

The two *Dacapo* cycles deal with the pictorial economy of kitsch in its most obvious form, the picture postcard. On the assumption that it is not reality which determines the photograph's frame of reference, but the photograph which determines the reference to reality, postcard motifs are removed from their frame of reference and projected in montages. The identity of a country or city, congealed into postcard clichés, is torn from its pictorial canon by overlapping negatives.

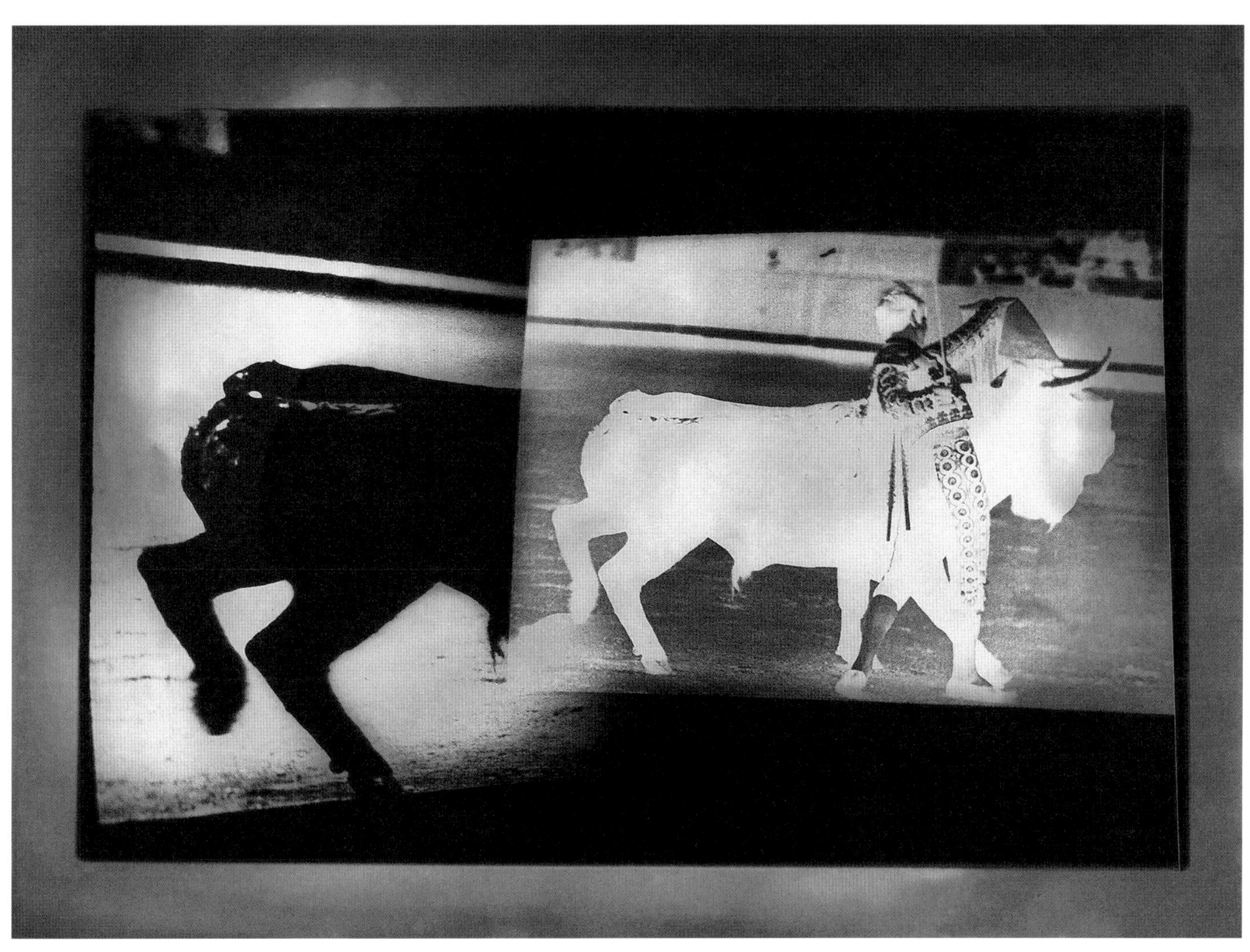

Corrida de Toros, 1988

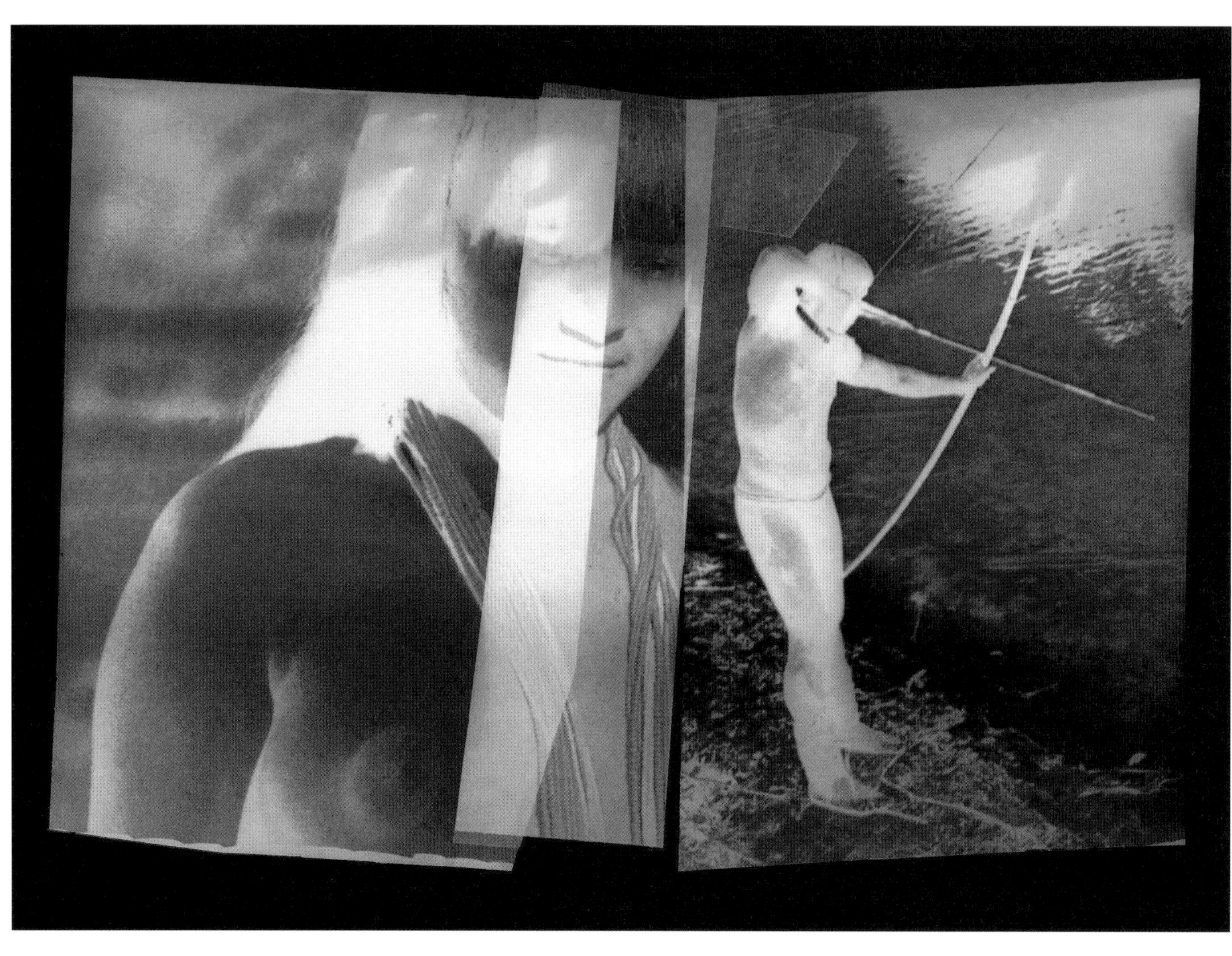

India Kamayurá, 1988

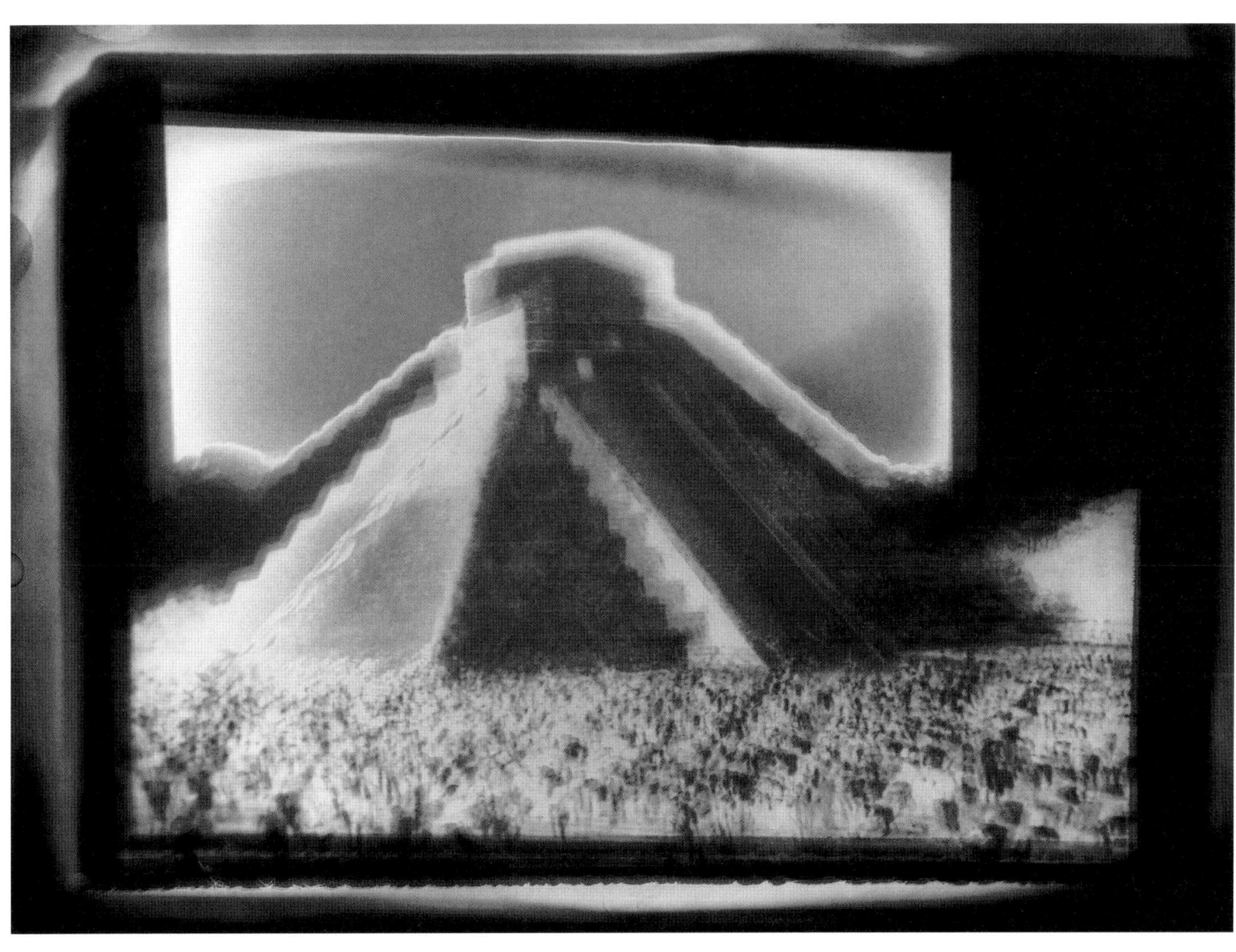

El Equinoccio de la Serpiente, 1988

## Dacapo II, 1989–1991

In *Dacapo II* werden die Negative
abfotografierter Postkarten zer-
kratzt. Das sinnstiftende Motiv
wird in der gewaltsamen Zerstörung als Auslöschung kenntlich
gemacht.

In *Dacapo II* the negatives of
reproductions of postcards are
scratched. In this violent destruction, the motif that endows meaning is identified as obliteration.

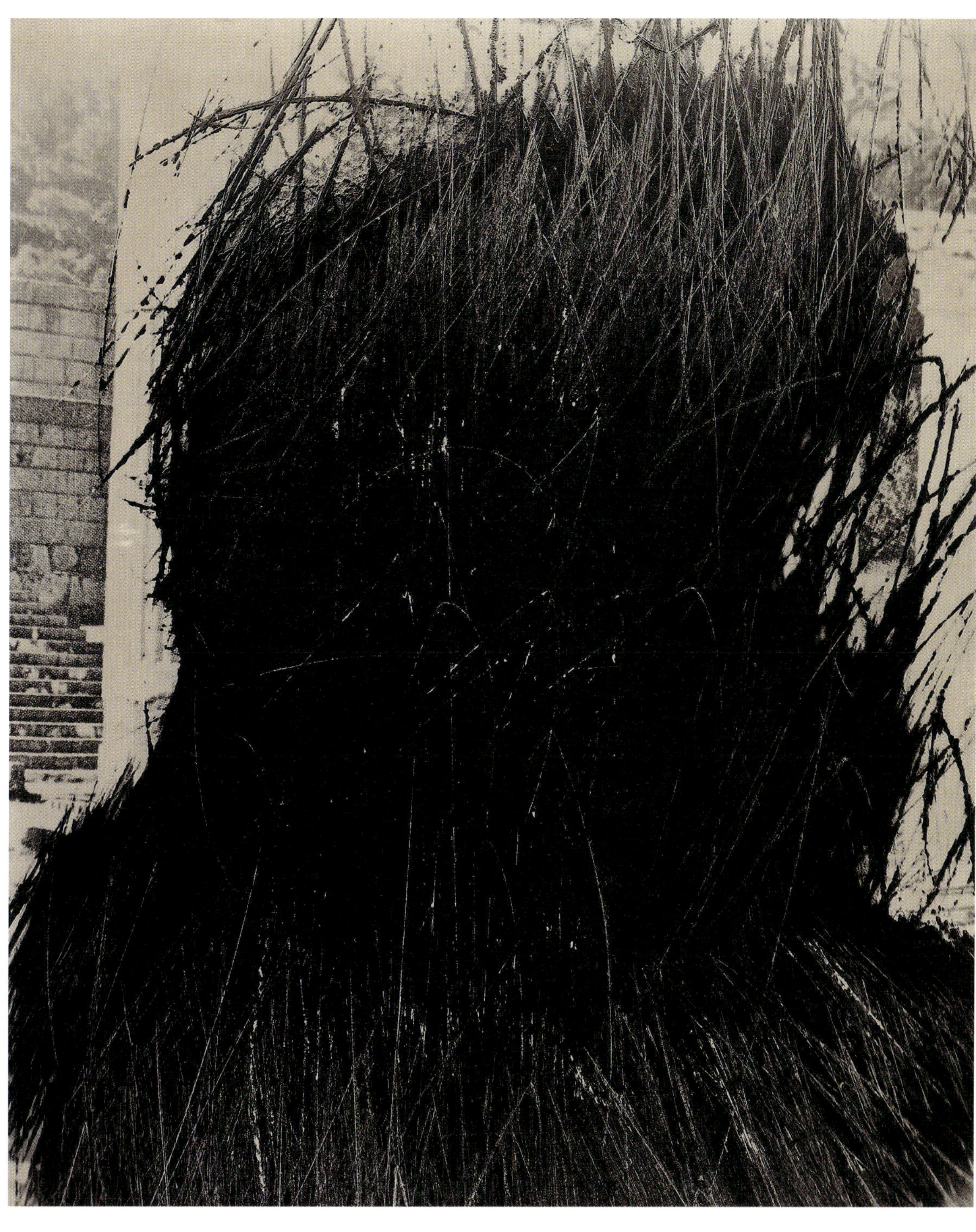

Asklepieion, 1989

Pão de Açúcar, 1989

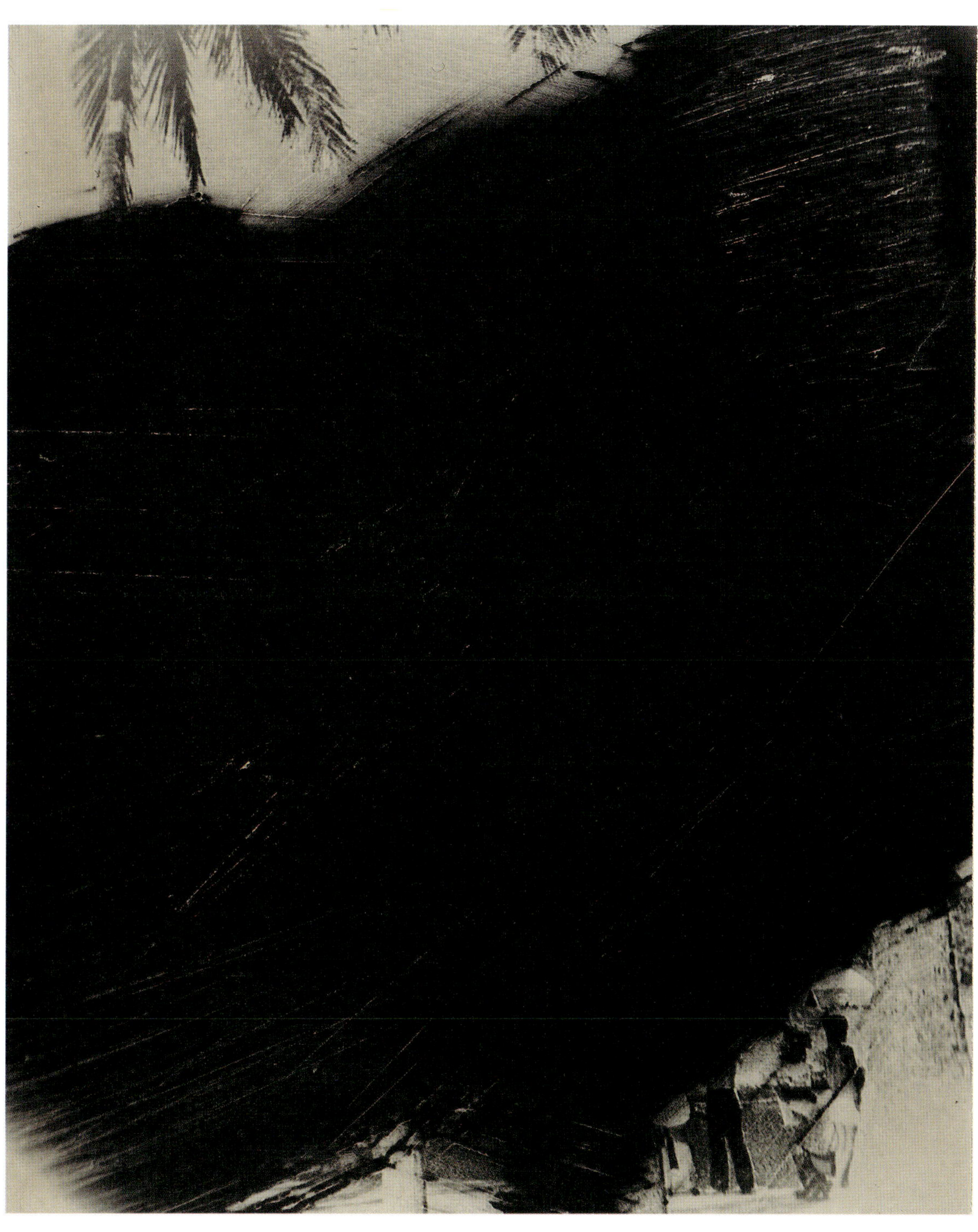

Traditions d'Alsace, 1989

## Signa, 1989–1999

Die *Signa*-Serie variiert den bereits in *Albufera* und *Dacapo* begonnenen Prozeß der Verschiebung oder Auslöschung von identitätsstiftenden Merkmalen. Die Wahrzeichen von Städten werden mit einem Polaroidfilm fotografiert. In bewußter Mißachtung der Gebrauchsanleitung, die eine Trennung von Positiv und Negativ binnen 60 Sekunden vorschreibt, wird dieser Akt erst nach Rückkehr von dem Ort der Aufnahme (dem Reiseziel) zum Ursprungsort vollzogen. Die Zeit der Entwicklung entspricht also der Zeit, die benötigt wird, um den Raum zwischen den beiden Orten zu überwinden. Das Bild ist dann überentwickelt, und das Wahrzeichen ist durch den chemischen Prozeß zu einem Zeichen des Verfalls mutiert, "die Bildikonen sind zu Fossilien erstarrt" (Müller-Pohle).

The *Signa* series is another variation of the process begun in *Albufera* and *Dacapo* of shifting or obliterating characteristics that provide identity. Photographs of various urban landmarks are taken on Polaroid film. With a deliberate disregard for the instructions, which prescribe that positive and negative be separated within 60 seconds, this is only done after the photographer returns home from his travel destination, where the photographs were taken. Thus the developing time corresponds to the time required to cover the distance between these two places. As a result, the photograph is overdeveloped, and in the course of the chemical process the landmark mutates into a sign of decay, "the pictorial icons have become fossils" (Müller-Pohle).

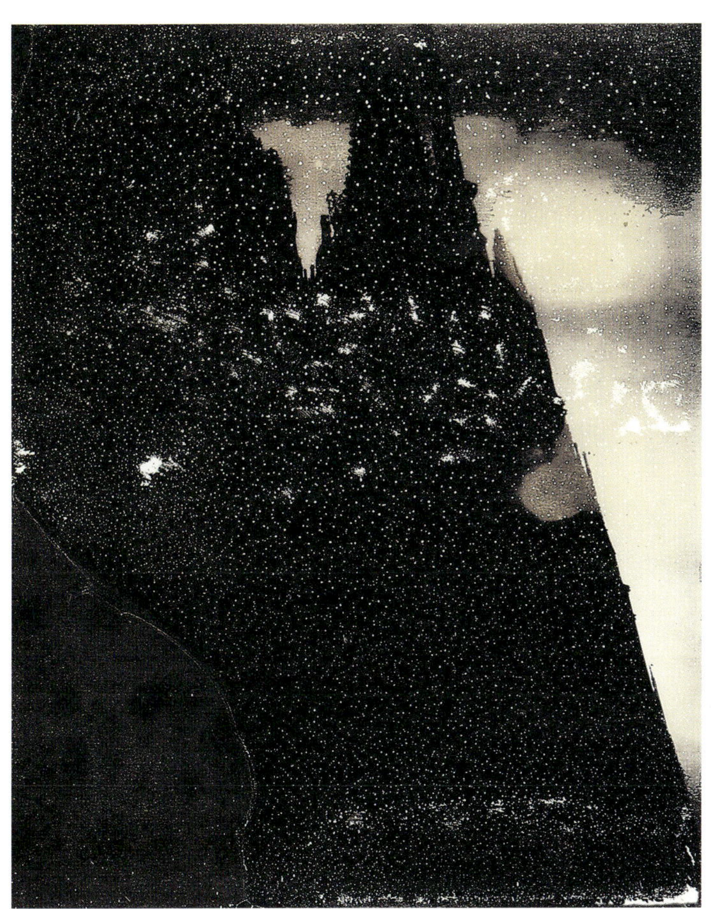 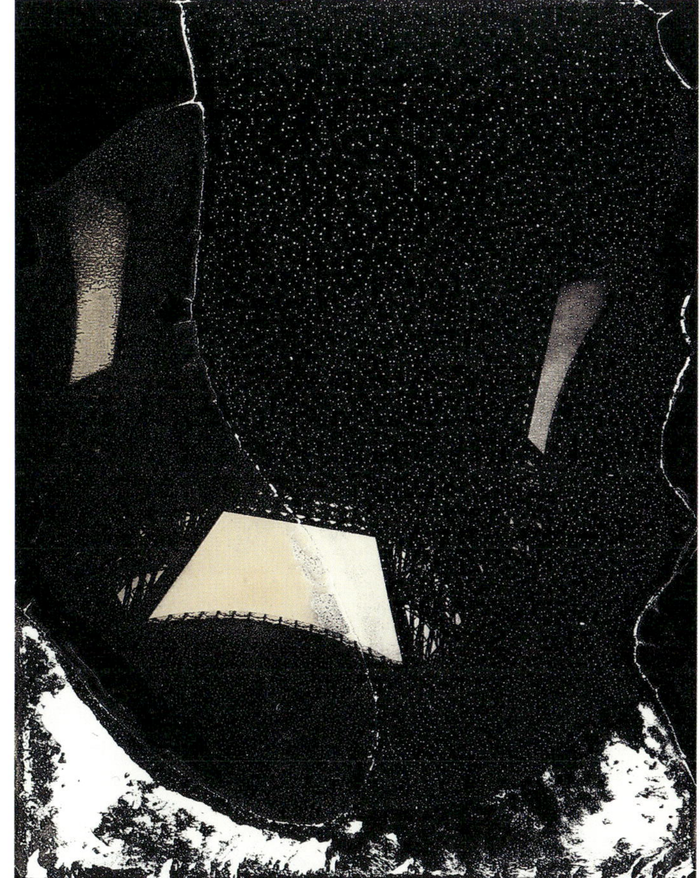

Köln. Dom *Cathedral*, 1990 / Paris. Eiffelturm *Eiffel Tower*, 1991

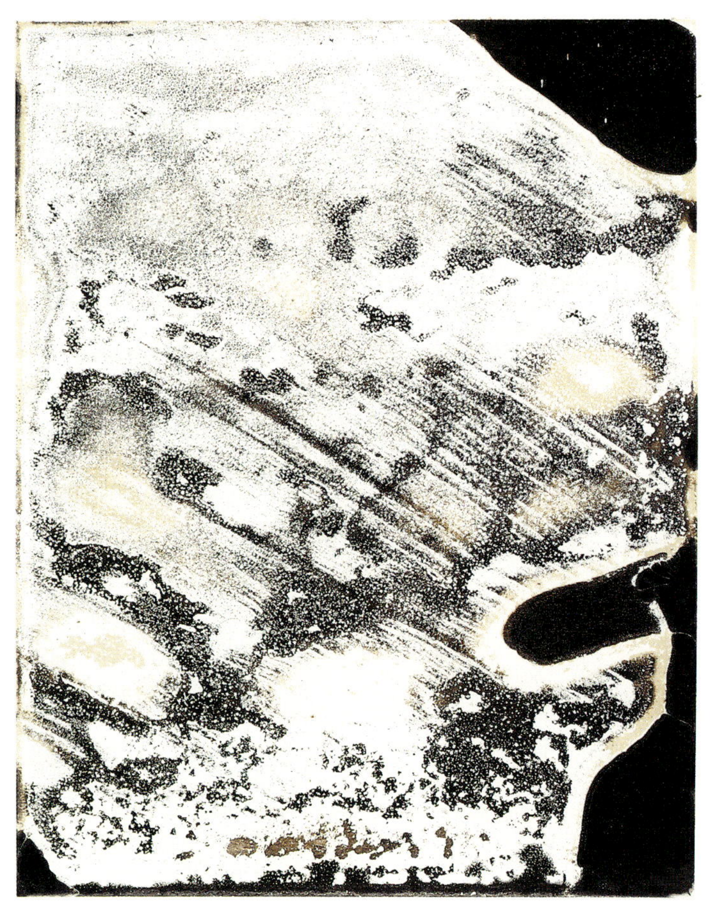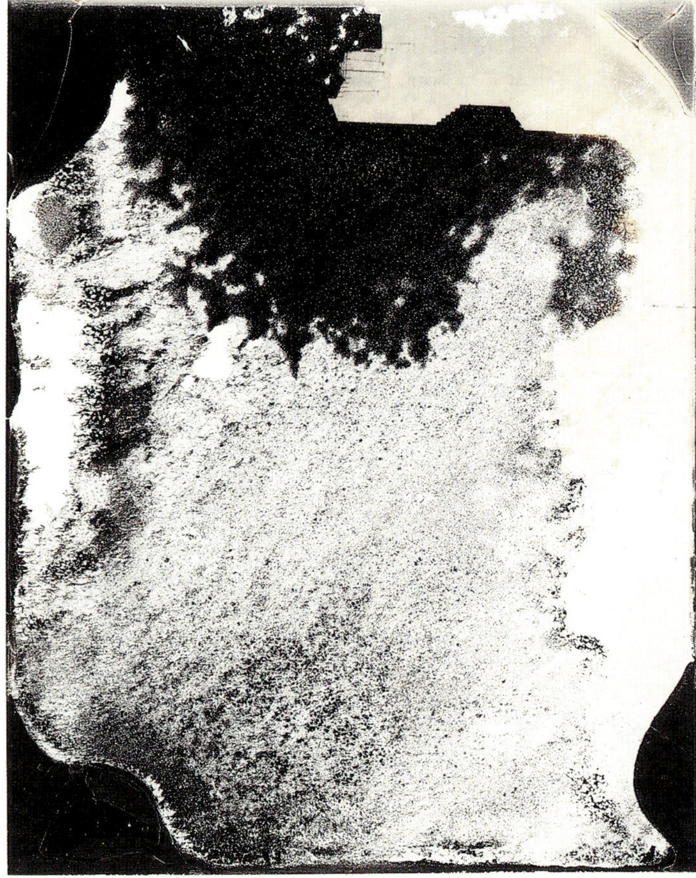

Jerusalem. Klagemauer *Wailing Wall*, 1991 / Valencia. Torres de Serranos, 1992

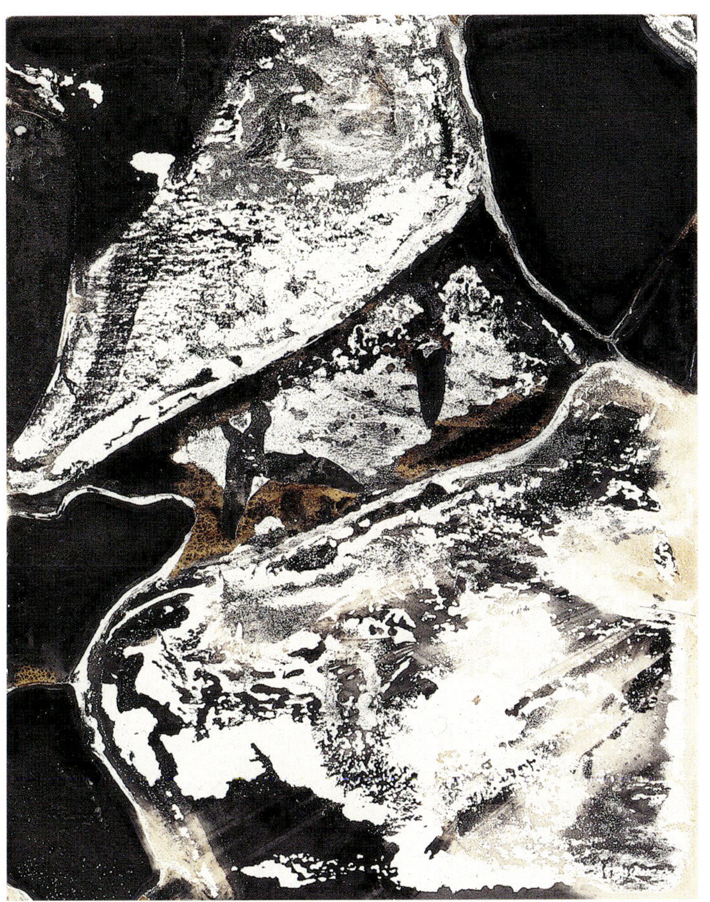 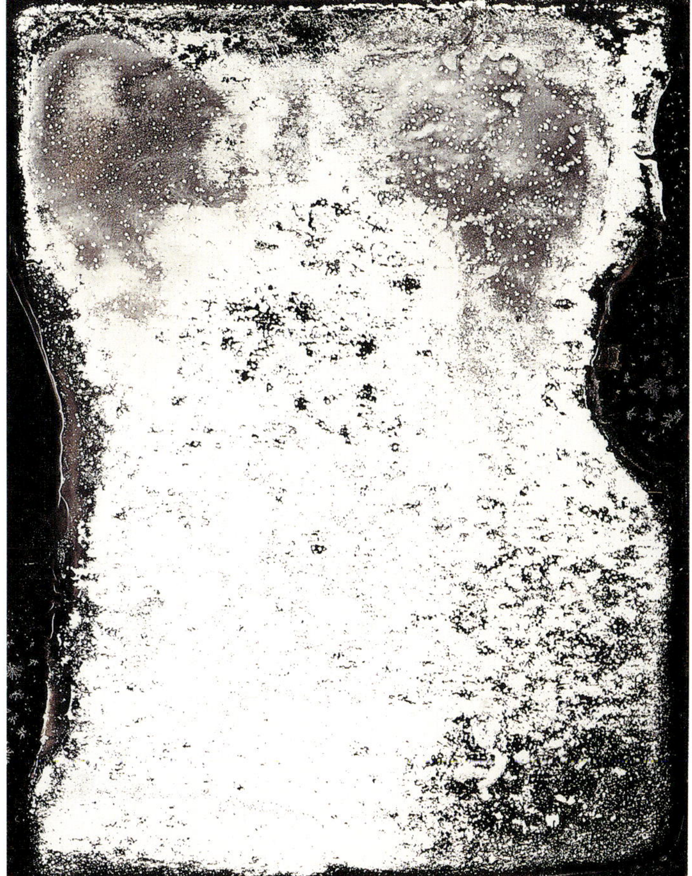

Milano. Dom *Cathedral*, 1993 / Zürich. Grossmünster *Cathedral*, 1993

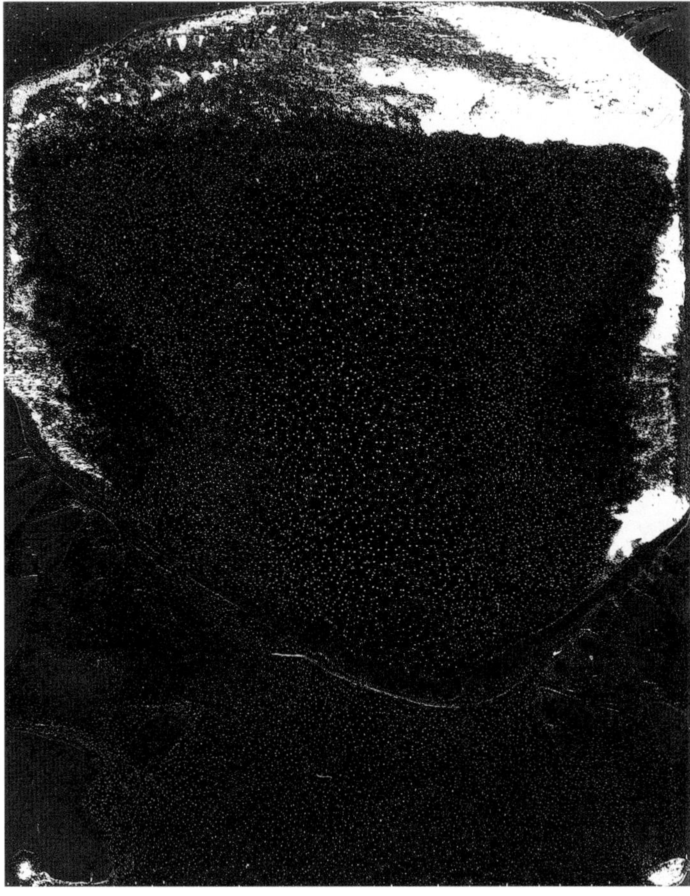

São Paulo. Monumento às Bandeiras, 1993

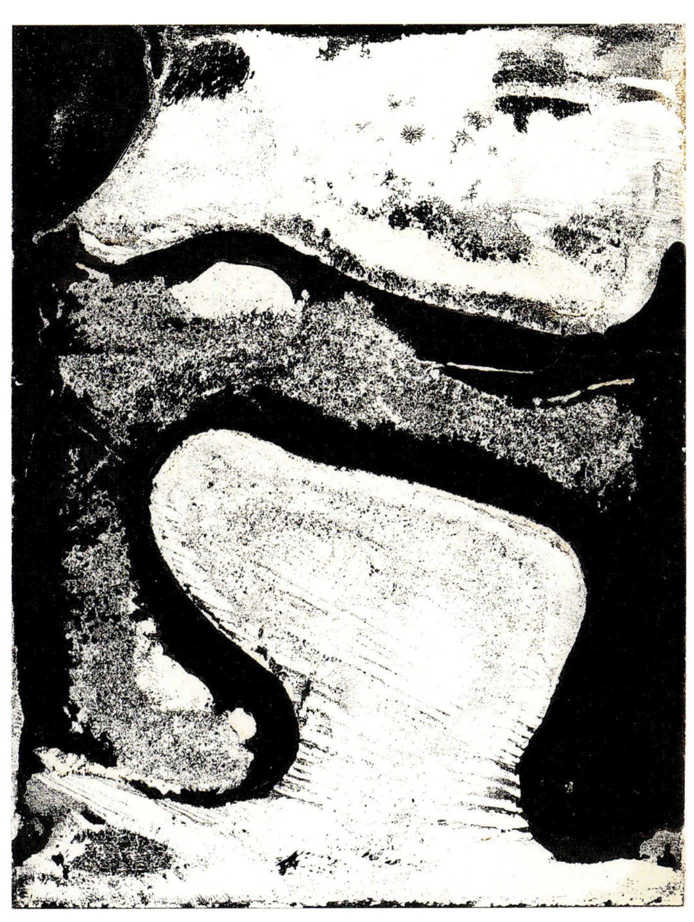 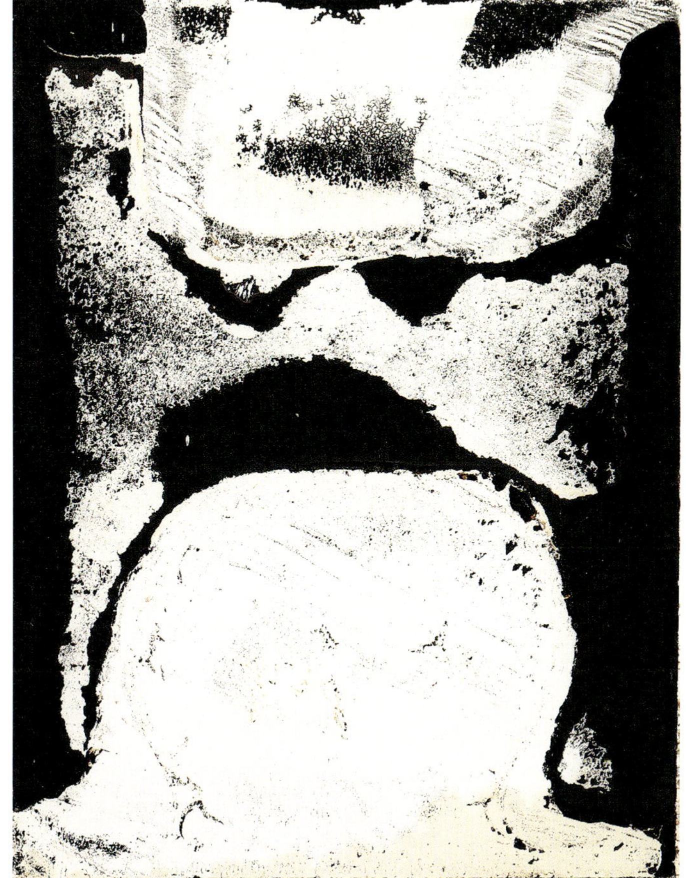

**Kyoto. Kinkakuji-Tempel** *Kinkaku-ji Temple*, 1998

## Zyklogramme *Cyclograms*, 1991–1994

Alte Fotografien werden im Reißwolf zu Streifen oder Konfetti zerkleinert. Ein Fotopapier wird in einem runden, mit Entwickler gefüllten Gefäß angebracht, in das die Partikel der zerstückelten Fotografien hineingetan werden. Die im Gefäß kreisenden Partikel werfen ihre Schatten und lassen ein Fotogramm als *Zyklogramm* entstehen. Die Wiederverwendung des Bildmaterials als bildgebendes Material geschieht in einem Prozeß des Recycling. Die Abstraktion der *Zyklogramme* wirft wie in den vorangegangenen Arbeiten *Dacapo* und *Signa* ein Licht auf das Werden und die Zerstörung fotografischer Bildprozesse.

Discarded photographs are shredded into strips or confetti. A round vessel filled with developer and lined with photographic paper receives the tiny particles of photographs. As these particles swirl around the vessel they cast shadows, giving rise to a photogram as *Cyclogram*. The reuse of the photographic material as the raw material for further images takes place within a recycling process. As in the previous works *Dacapo* and *Signa*, the abstraction of the *Cyclograms* throws light on the genesis and destruction of photographic processes.

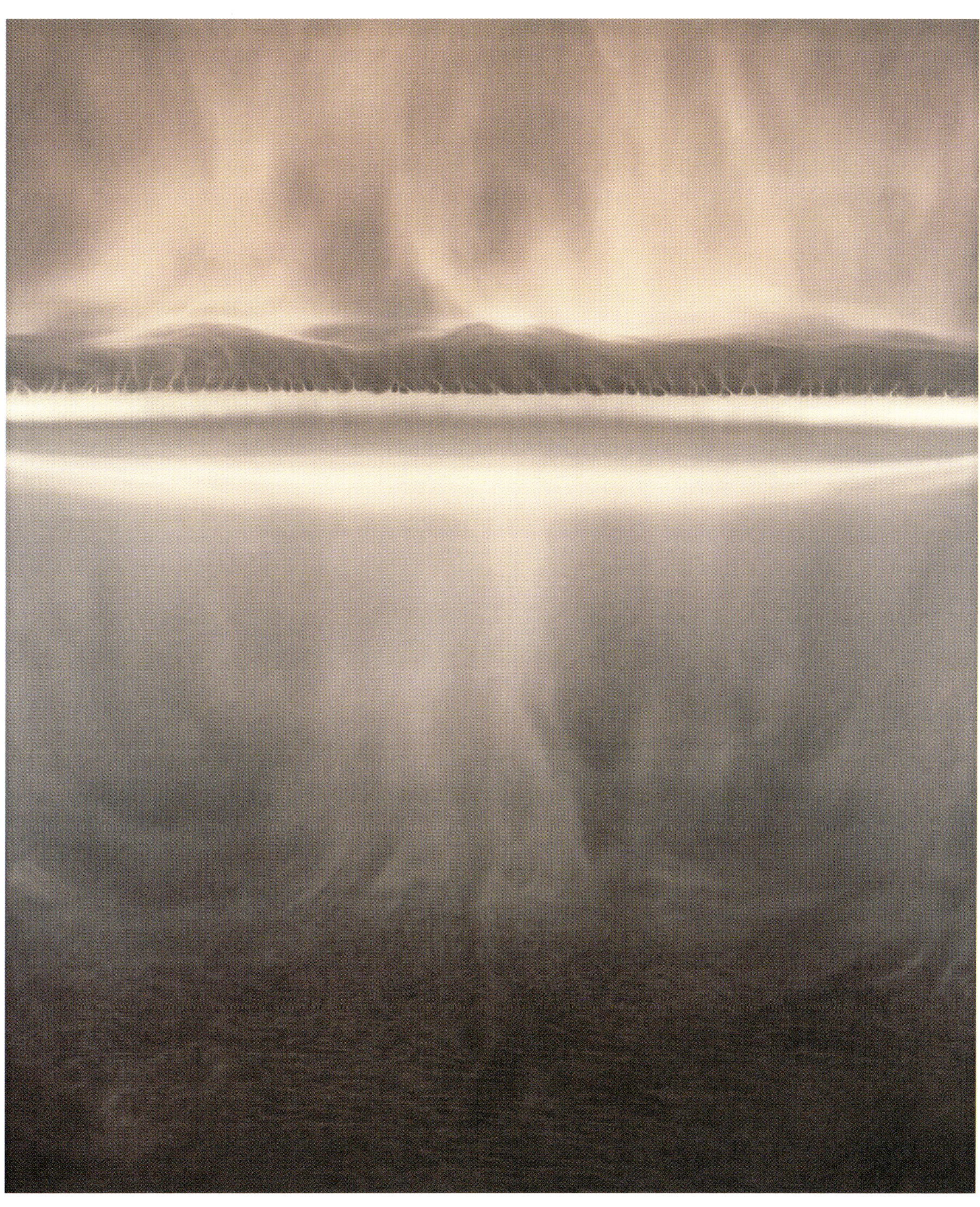

Zyklogramm *Cyclogram* 5.2.1994

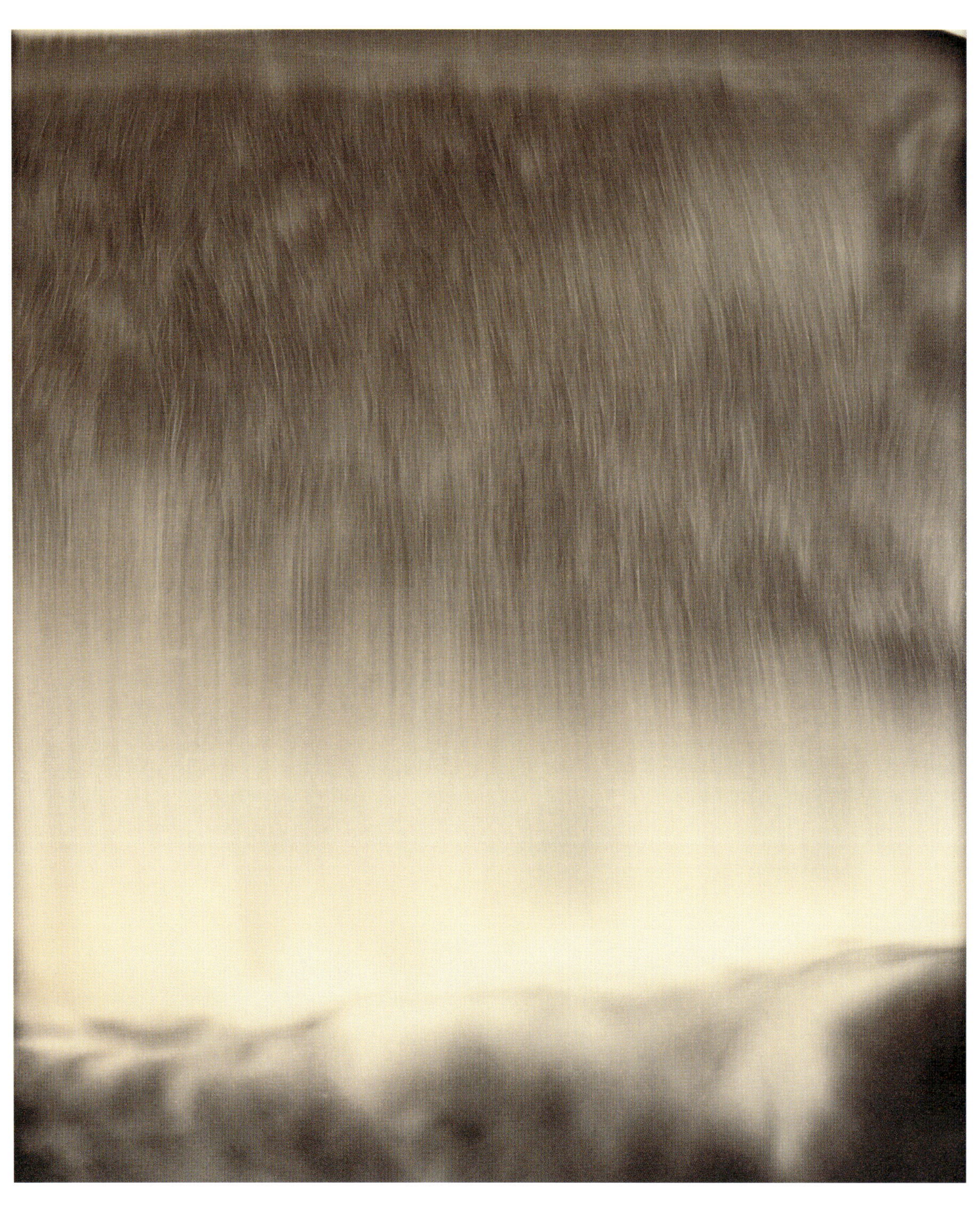

Zyklogramm *Cyclogram* 5.2.1994

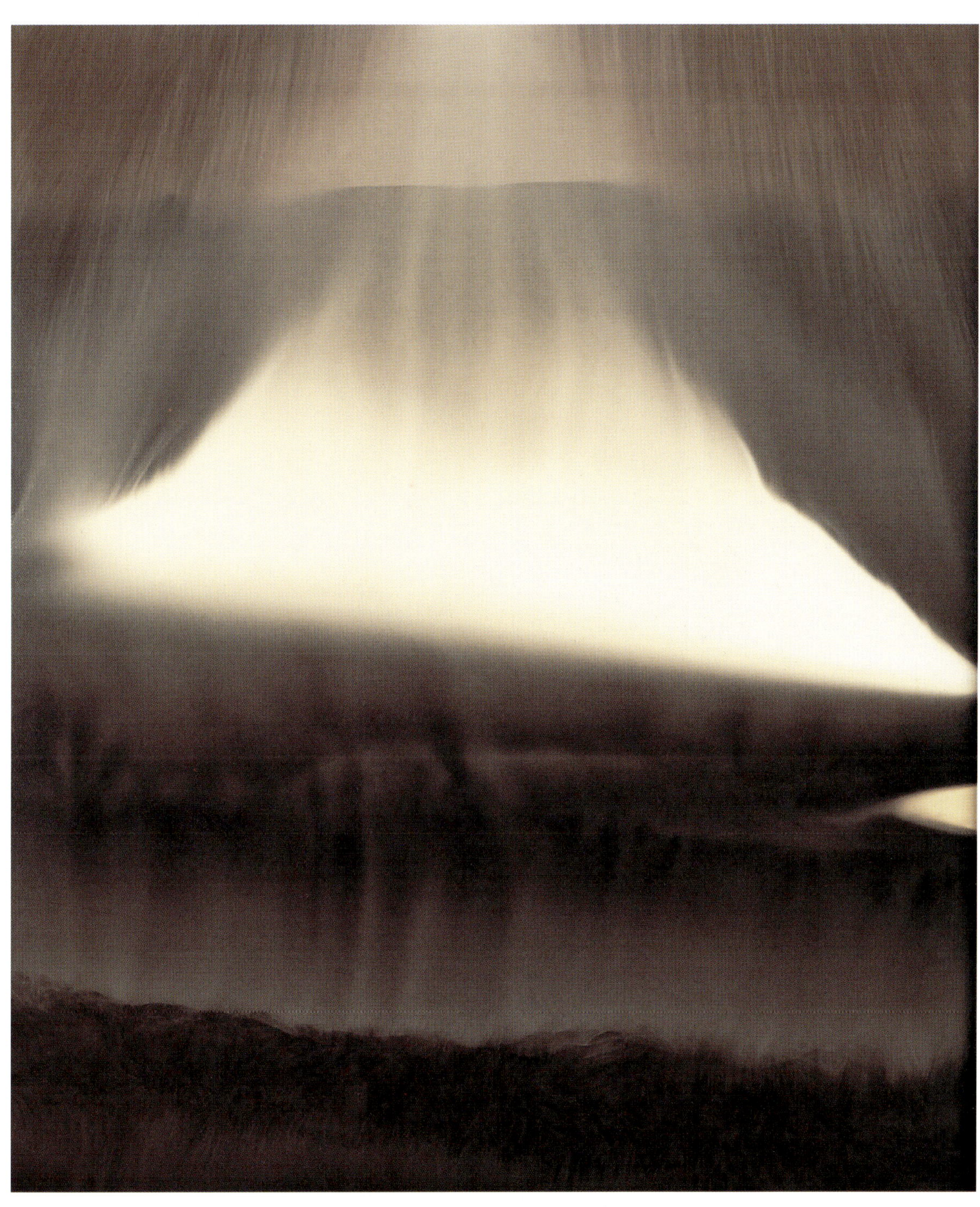

Zyklogramm *Cyclogram* 5./6.2.1994

## Perlasca Pictures, 1992

Der Film "Perlasca" von Nina
Gladitz erzählt die Geschichte des
Kaufmanns Giorgio Perlasca, der
unter dem Faschismus Tausenden
von Juden in Budapest das Leben
rettete. Die Fotografien sind denen aus *Transformance* durch den
gestischen Stil verwandt. In dem
Film werden sie wie Pausen ein-
gefügt, als eine Art Interface vermitteln die stillen Bilder zwischen
den filmischen und unterbrechen
für Augenblicke den Bildlauf.

The film "Perlasca" by Nina Gladitz tells the story of the business-
man Giorgio Perlasca, who saved
the lives of thousands of Jews in
Budapest under fascism. The photographs are related to those in
*Transformance* in their gestural
style. They are inserted throughout the film as pauses; as a kind of
interface, the still pictures mediate
between the pictures in the film
and for seconds interrupt their
motion.

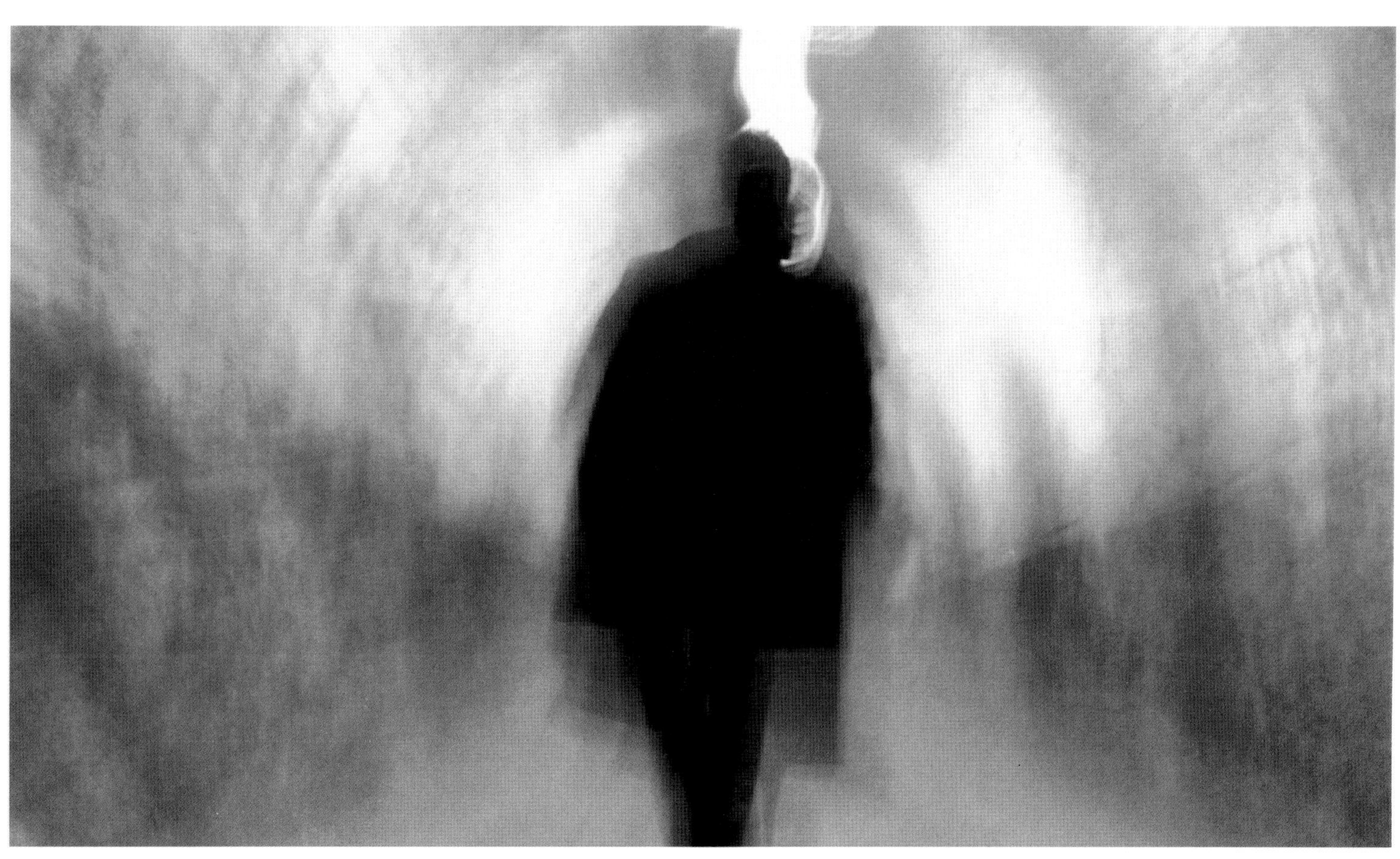

Perlasca Pictures (Budapest), 1992

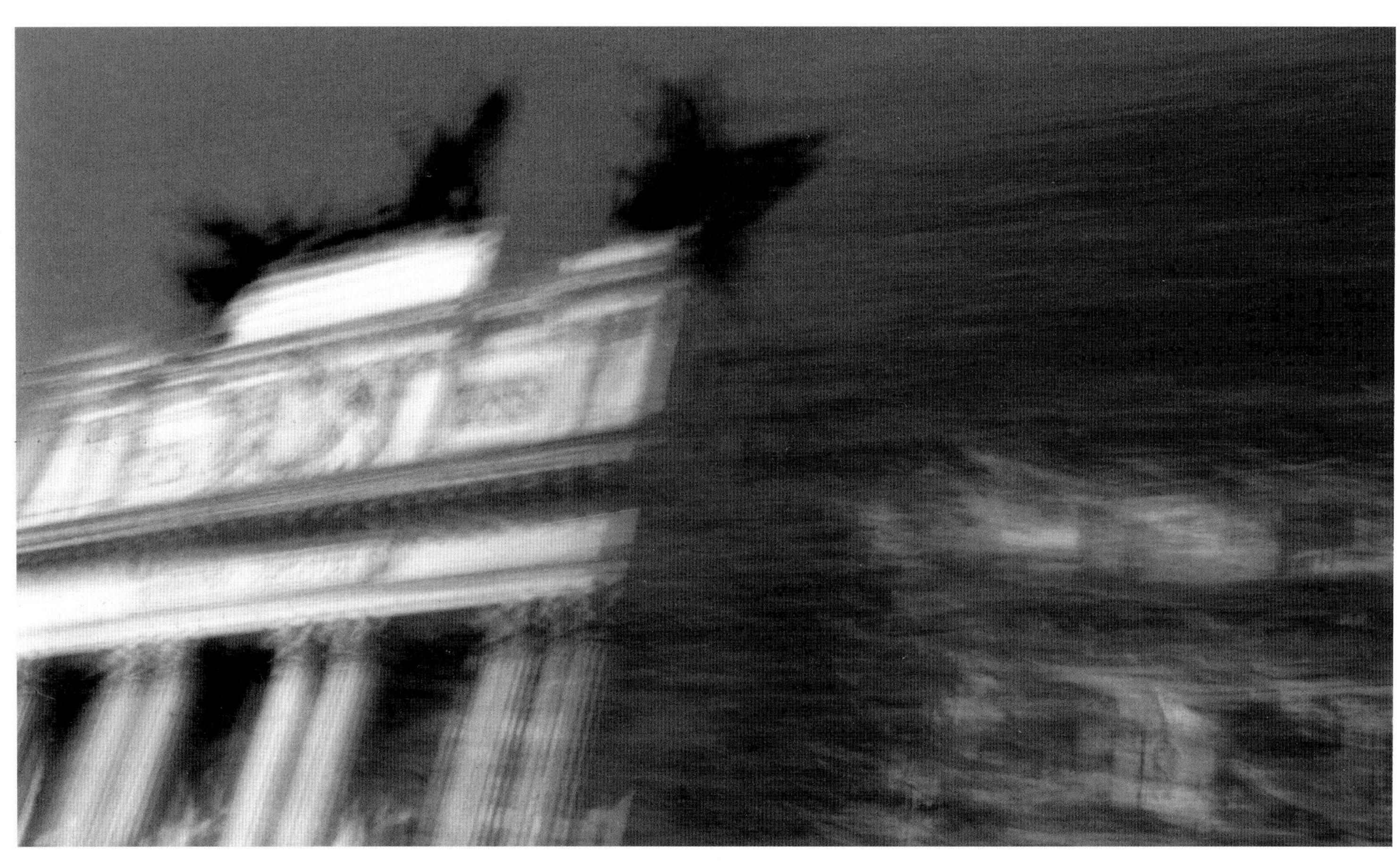

Perlasca Pictures (Madrid), 1992

Perlasca Pictures (El Escorial), 1992

Perlasca Pictures (Dallgow/Berlin), 1992

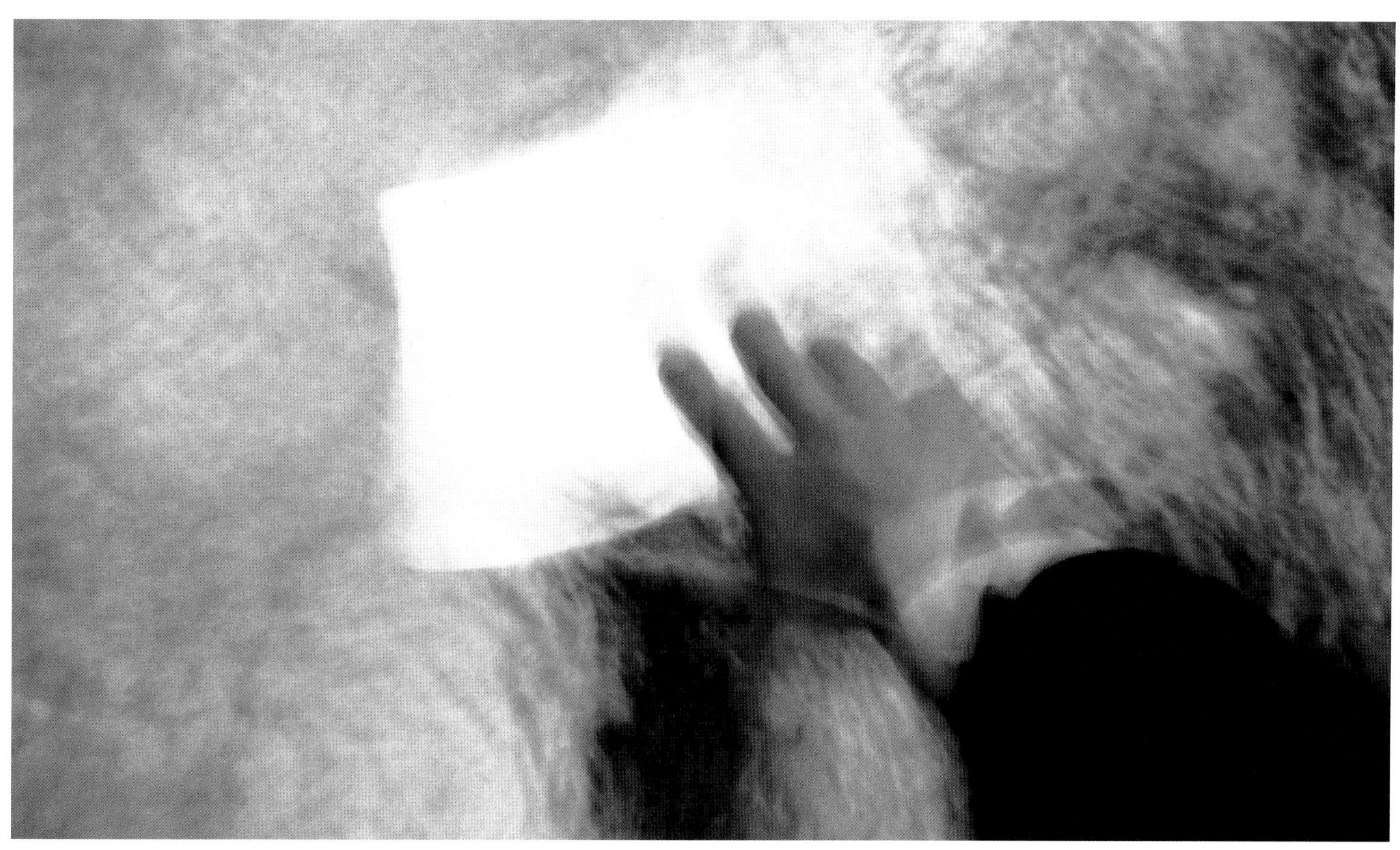

Perlasca Pictures (Berlin), 1992

## Digitale Partituren *Digital Scores*, 1996–1998

Die früheste erhalten gebliebene
Fotografie ist Gegenstand einer
Bildserie, in der die analoge Fotografie durch den digitalen Code in
alphanumerische Zeichen übersetzt wird. Das Bild von Nicéphore Niépce, "Blick aus dem
Arbeitszimmer" von 1826, hatte
eine Belichtungszeit von vermut-
lich acht Stunden und konnte so
keinem menschlichen Blick je entsprechen. Dieses Bild wurde digi-
talisiert, die in sieben Millionen
Bytes verschlossenen Informationen in alphanumerische Zeichen
übersetzt und auf acht Quadrate
verteilt. Die für den menschlichen
Blick unlesbaren Tafeln enthalten
die vollständige binäre Beschrei-
bung der frühesten Fotografie.
Die Zeit der Repräsentation ist so
in die Repräsentation der Information umgewandelt.

Here the earliest known photograph is the subject of a series
in which analog photography is
translated into alphanumeric signs
by means of the digital code.
"View from his study," taken by
Nicéphore Niépce in 1826, required an exposure time of pre-
sumably eight hours and could
thus never correspond to the
human gaze. This photograph was
digitized, the information contained in the seven million bytes
translated into alphanumeric signs
and distributed over eight squares.
The panels, unreadable for the human eye, represent the complete
binary description of the oldest
surviving photograph. The time
of representation is thus trans-
formed into the representation
of information.

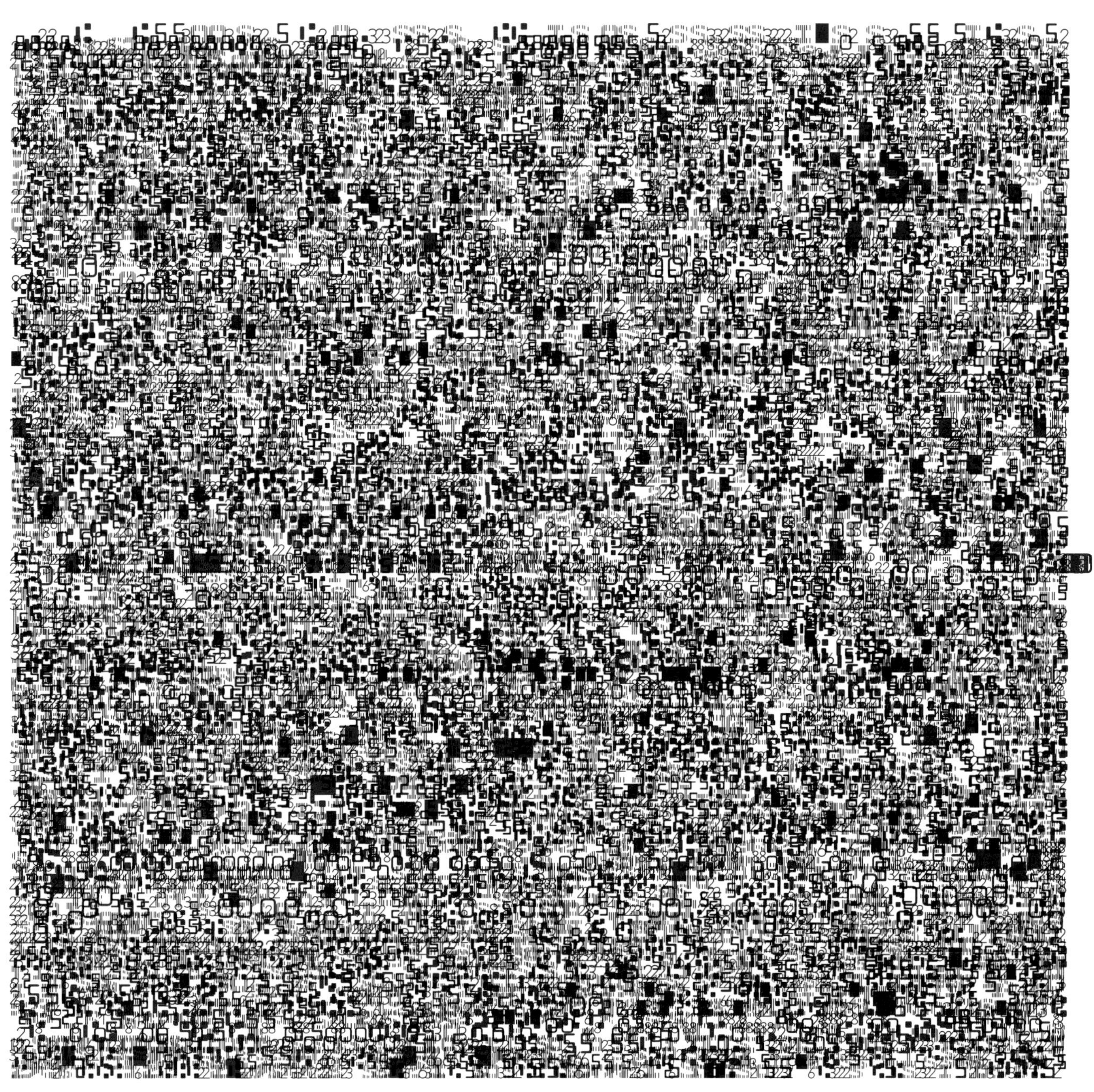

Digitale Partituren III (nach Nicéphore Niépce) *Digital Scores III (after Nicéphore Niépce)*, 1998

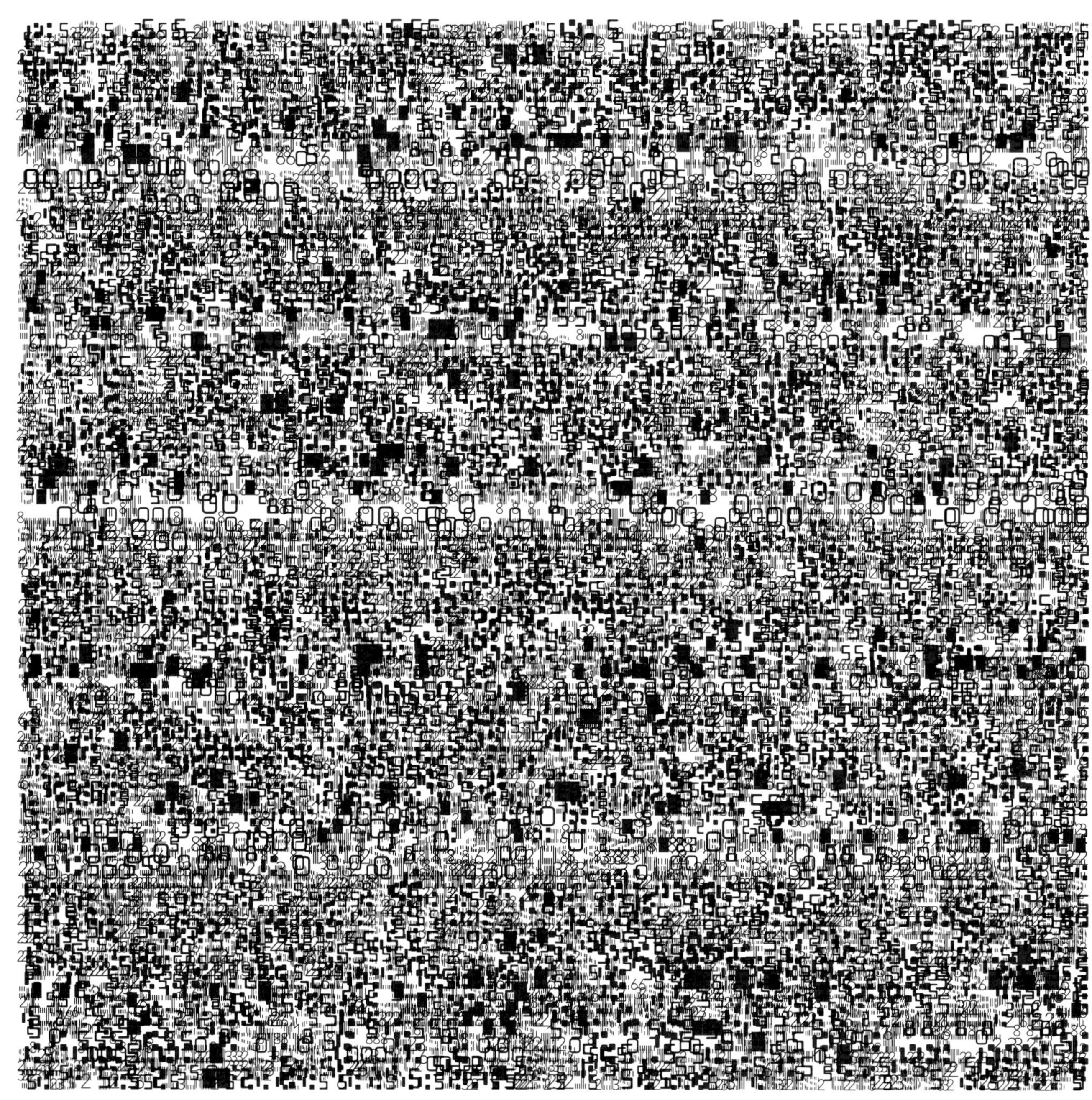

Digitale Partituren III (nach Nicéphore Niépce) *Digital Scores III (after Nicéphore Niépce)*, 1998

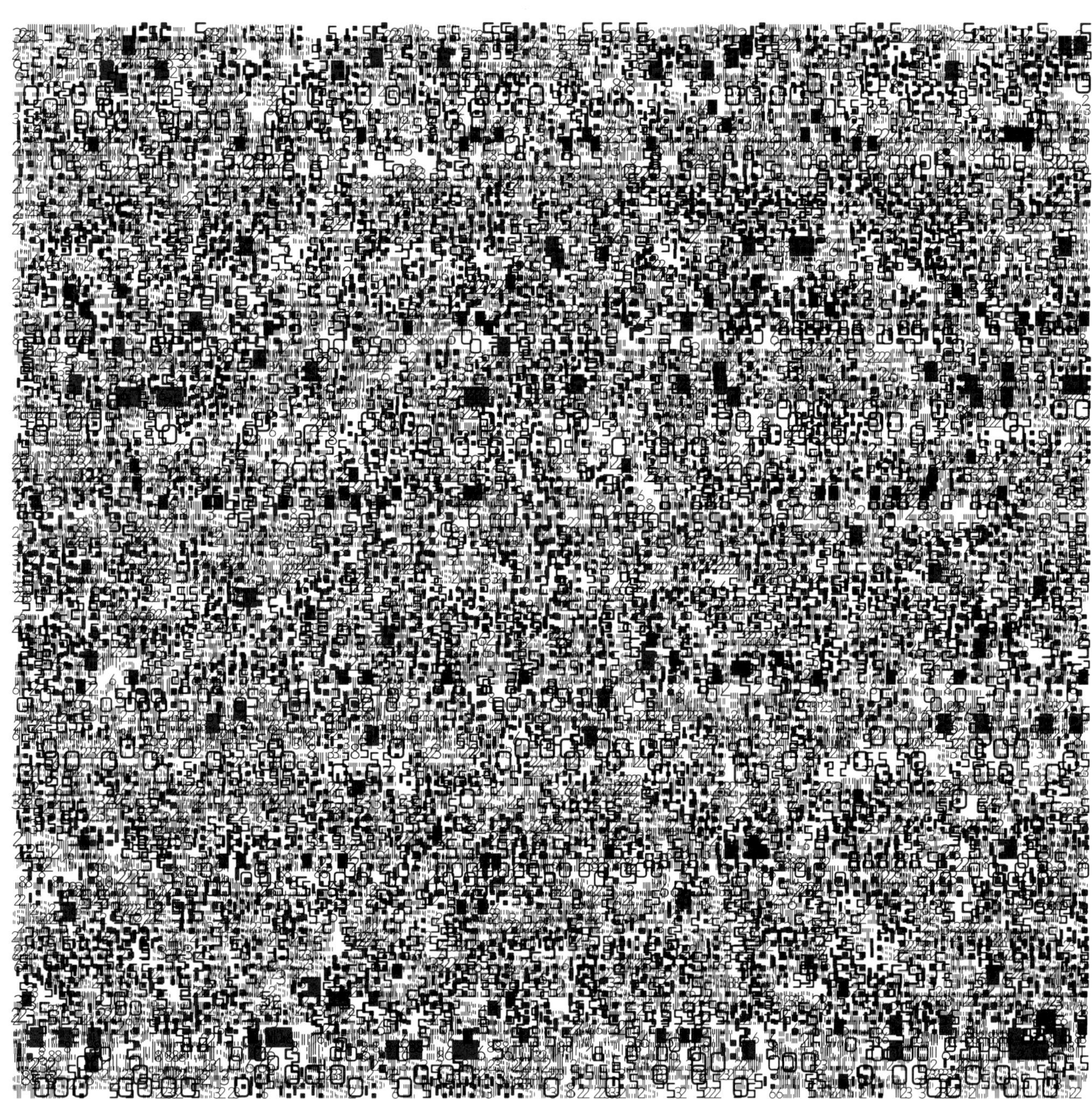

Digitale Partituren III (nach Nicéphore Niépce) *Digital Scores III (after Nicéphore Niépce)*, 1998

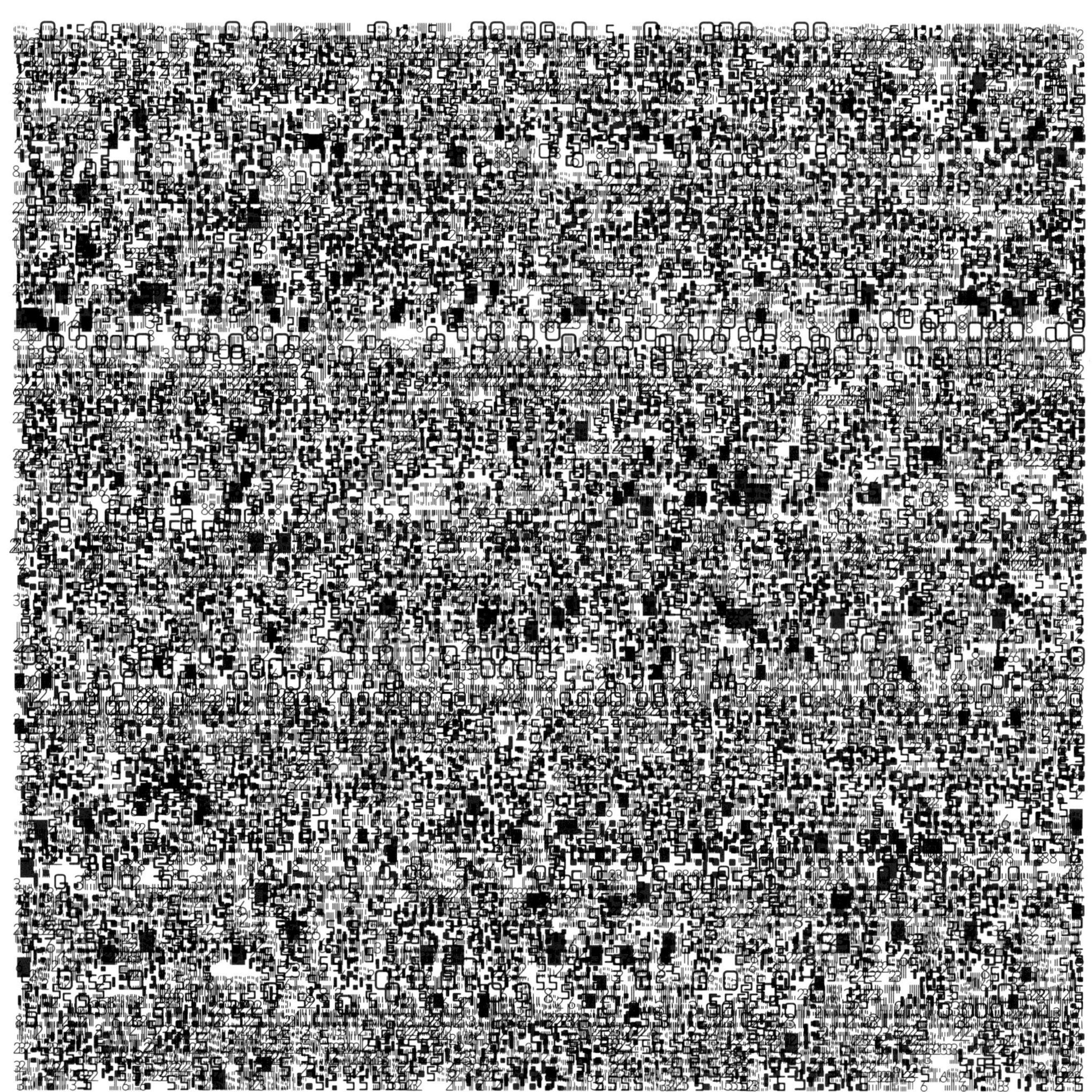

Digitale Partituren III (nach Nicéphore Niépce) *Digital Scores III (after Nicéphore Niépce)*, 1998

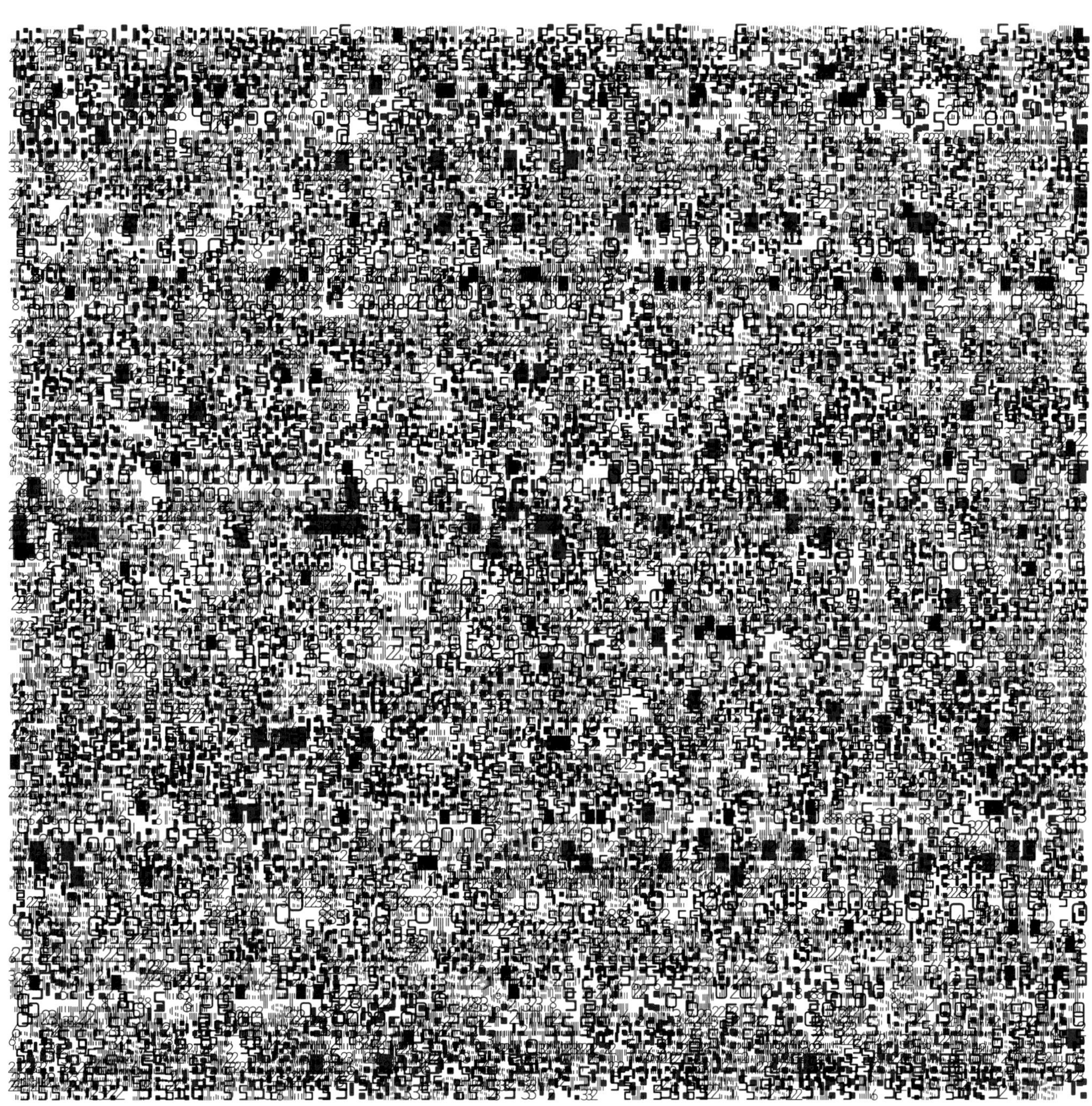

Digitale Partituren III (nach Nicéphore Niépce) *Digital Scores III (after Nicéphore Niépce)*, 1998

## Entropia, 1996

In der Installation *Entropia* wird
die Vernichtung von Fotografien,
Lithofilmen und gerahmten Bildern durch einen Industrieschred-
der gezeigt. Die Maschine greift
dem Wärmetod voraus und sym-
bolisiert einen letztlich ebenfalls
der Entropie entgegengehenden
Prozeß des Recycling. Die Installation mit einem Video von 12
Minuten Dauer enthält noch ein
weiteres Element, indem der Ton
der Maschine den geschredderten
Bildermüll, der auf einer Laut-
sprechermembrane liegt – ähnlich
den Chladnischen Klangfiguren –,
zu neuen Konfigurationen tänzeln
läßt. Das Videotape *Entropia* zeigt
nur den Wirbel der Vernichtung.

The installation *Entropia* shows an
industrial shredder destroying
photographs, lithographic films,
and framed pictures. The machine
anticipates heat death and symbol-
izes a process of recycling which,
too, is ultimately heading towards
entropy. The installation, with a
video tape lasting 12 minutes, also
contains another element, in that
the sound of the machine causes
the shredded pictorial waste,
which is lying on a loudspeaker
diaphragm, to skip lightly in ever
new configurations, similar to
Chladni's acoustic figures. The
*Entropia* video tape shows only the
whirl of destruction.

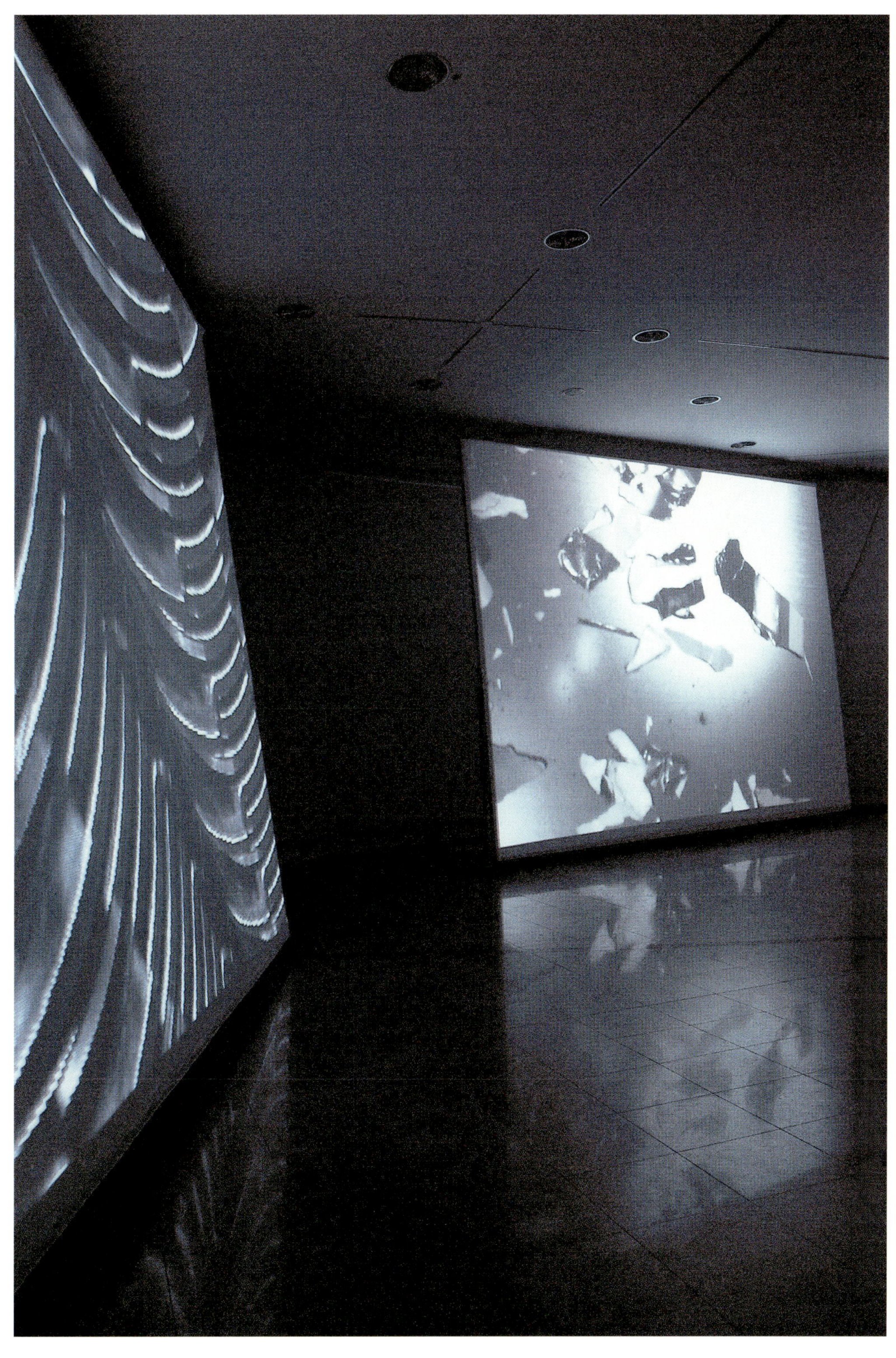

Entropia. Installationsansicht *Installation View*, Kunstverein Rüsselsheim, 1997

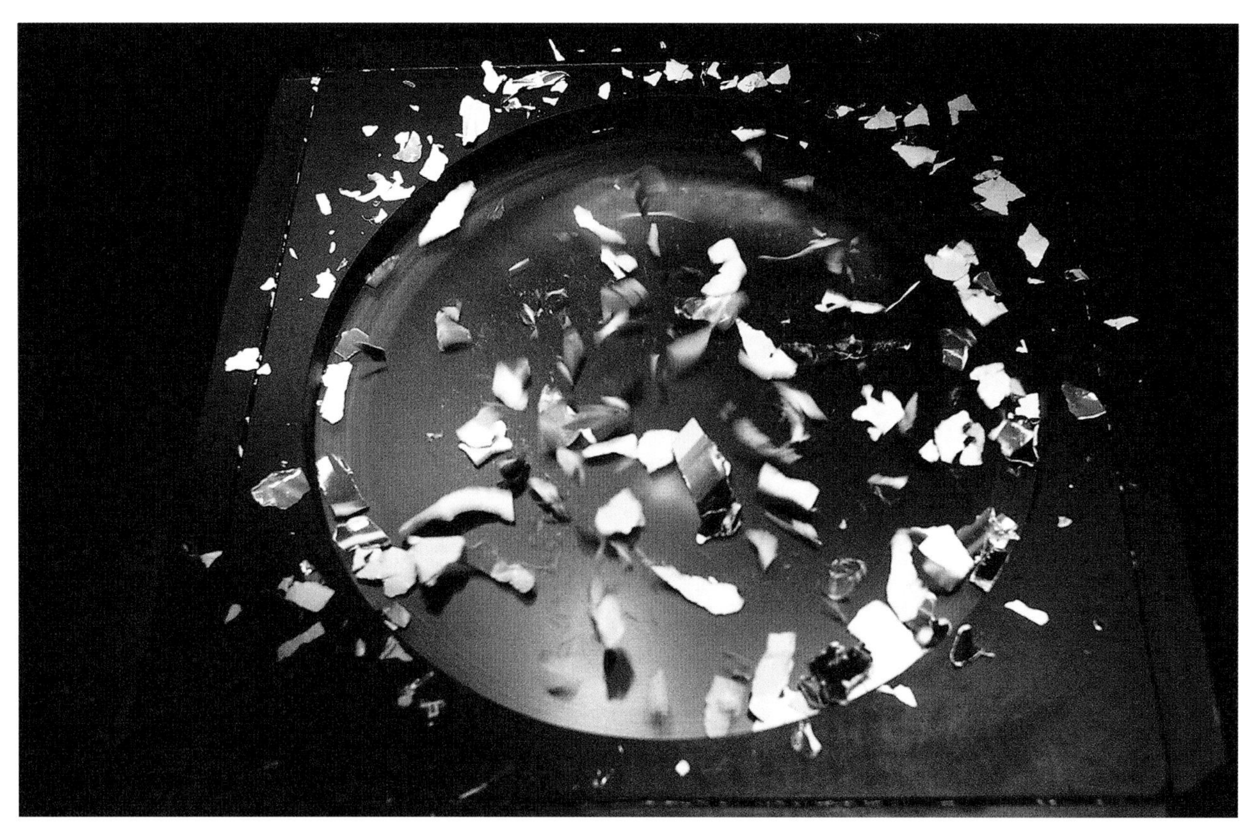

Entropia. Installation Kunstverein Rüsselsheim, 1997. Photo: Norbert Miguletz

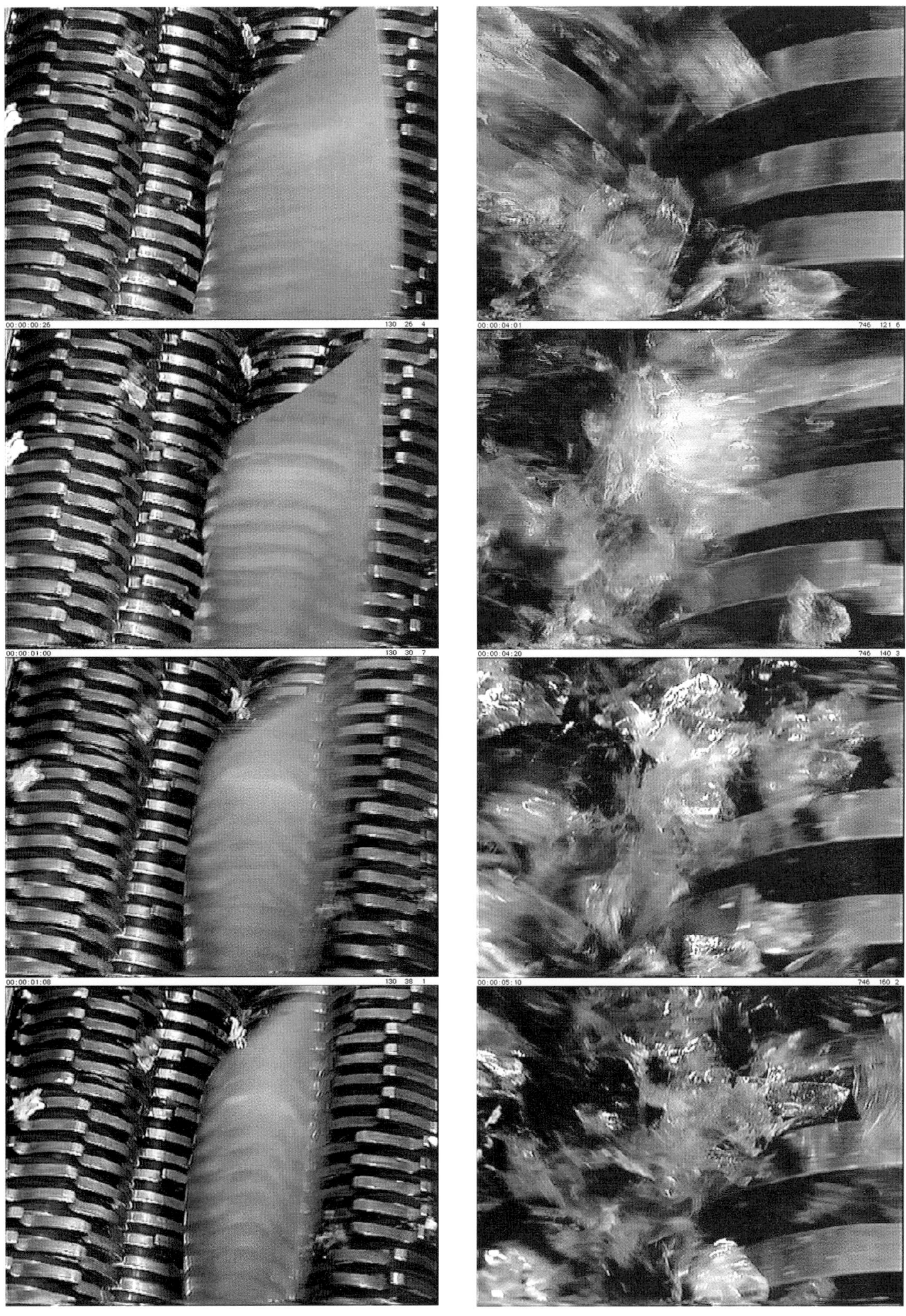

Entropia. Video Stills, 1996

## Sojourner II, 1997/99

In Anlehnung an die Sojourner-
Exploration der Marsoberfläche
wurde in Marsdorf bei Dresden
eine digitale Videokamera auf ein
ferngesteuertes Gefährt montiert.
Aus den aufgezeichneten Sequen-
zen werden Bilder von jeweils
fünf bis zehn Sekunden Zeitspanne zu einem Bild verdichtet.

With reference to the Sojourner
exploration of the surface of Mars,
a digital video camera was mounted on a remote controlled vehicle
in Marsdorf near Dresden. From
the recorded sequences, pictures
captured over periods of five or
ten seconds are condensed into
one picture.

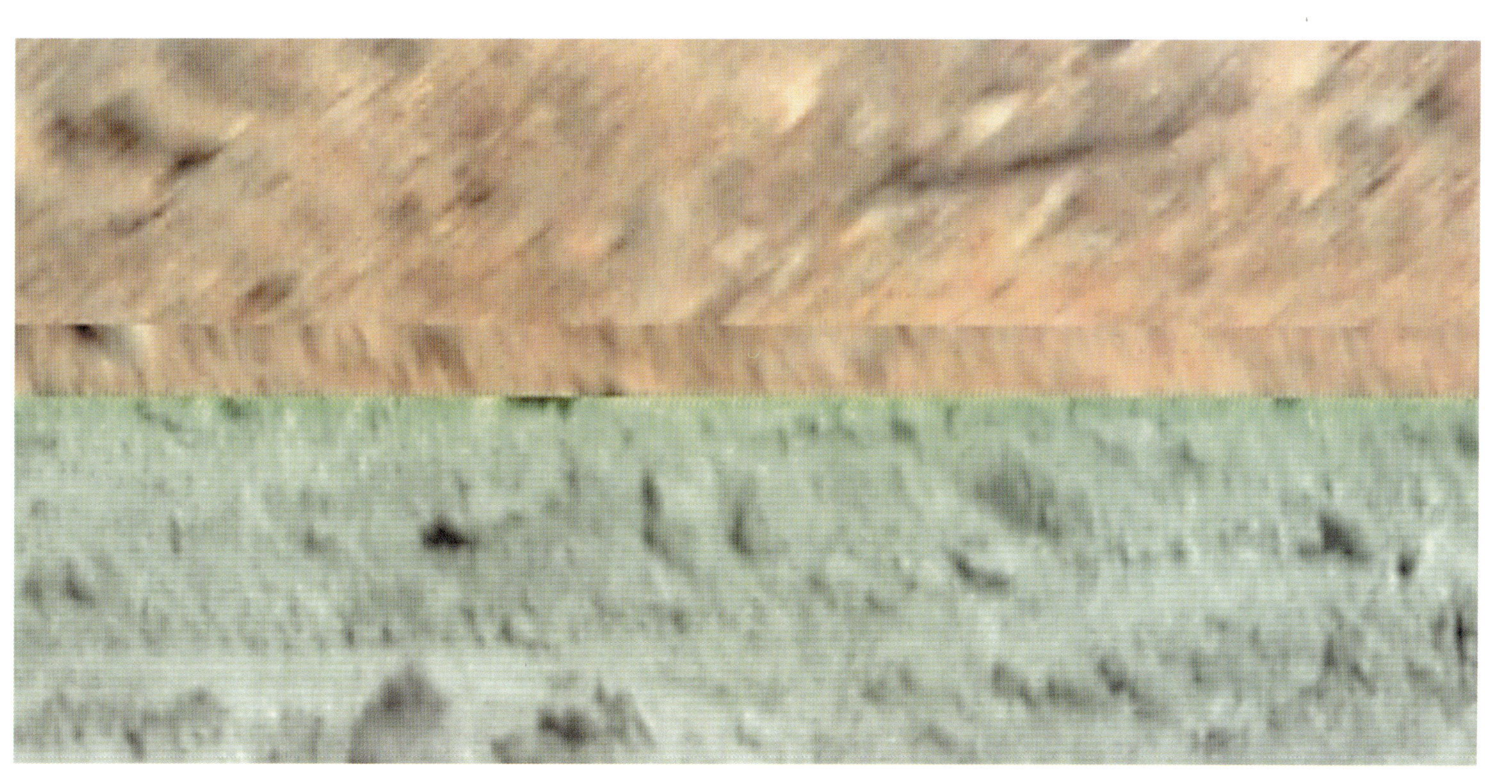

Sojourner II. 1062, 1999

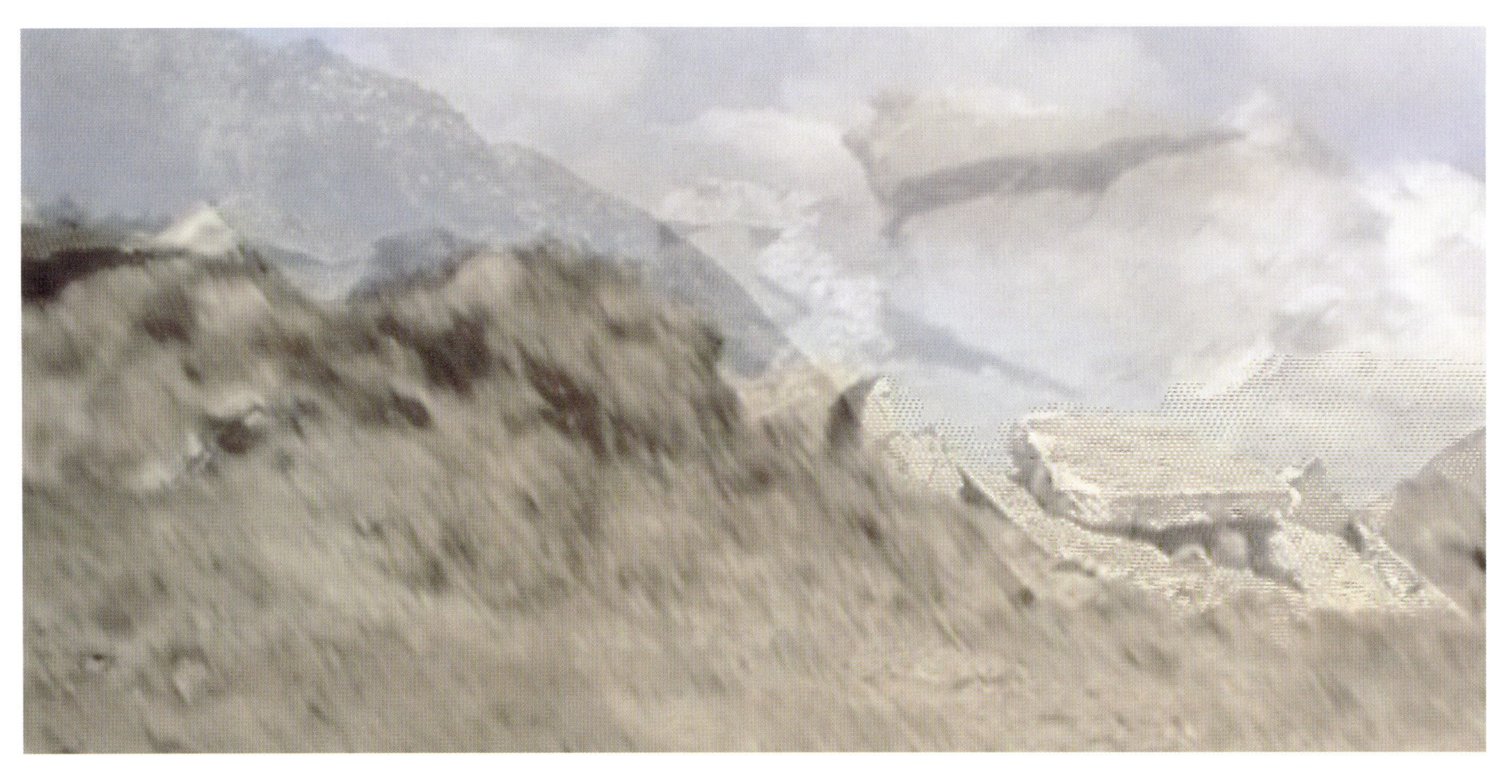

Sojourner II. 1038, 1999

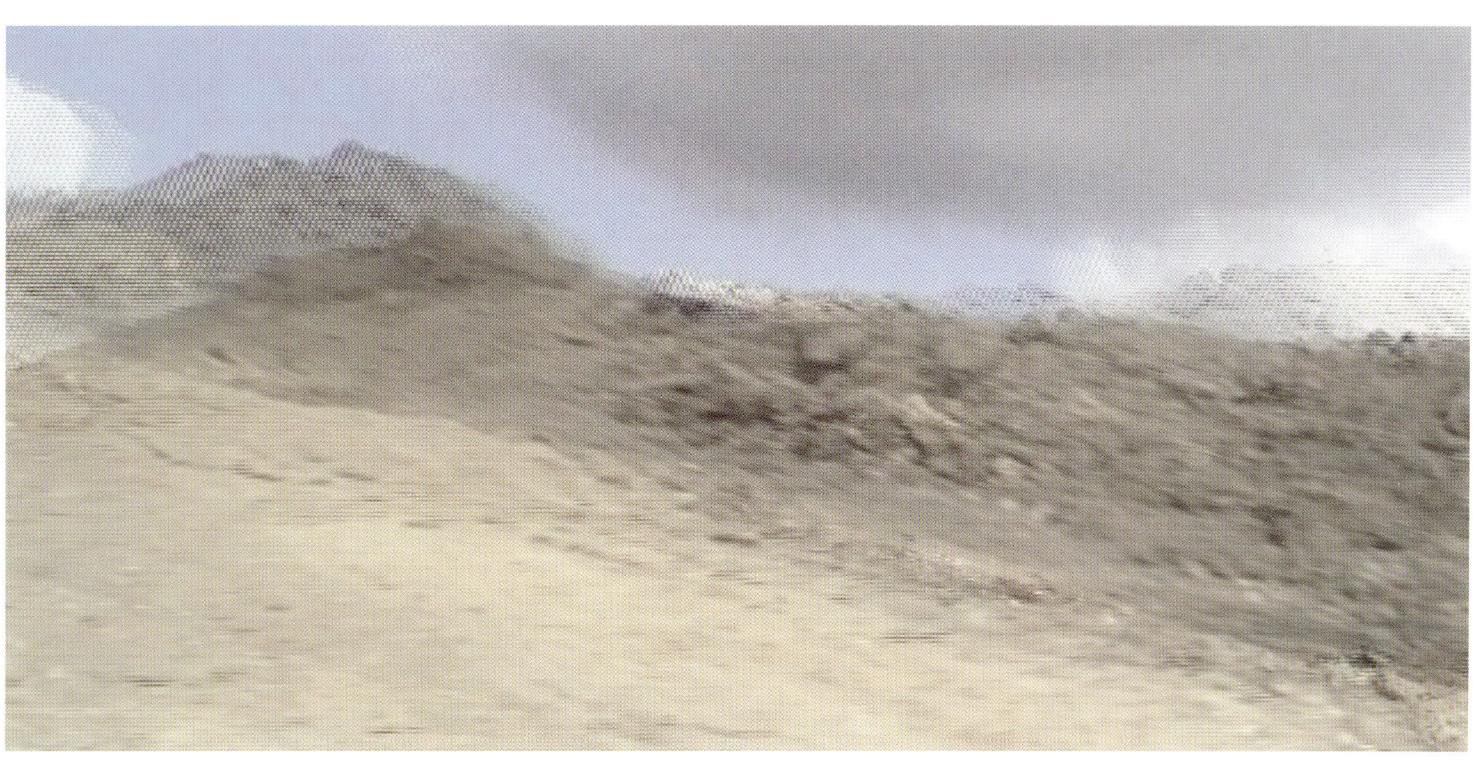

Sojourner II. 1044, 1999

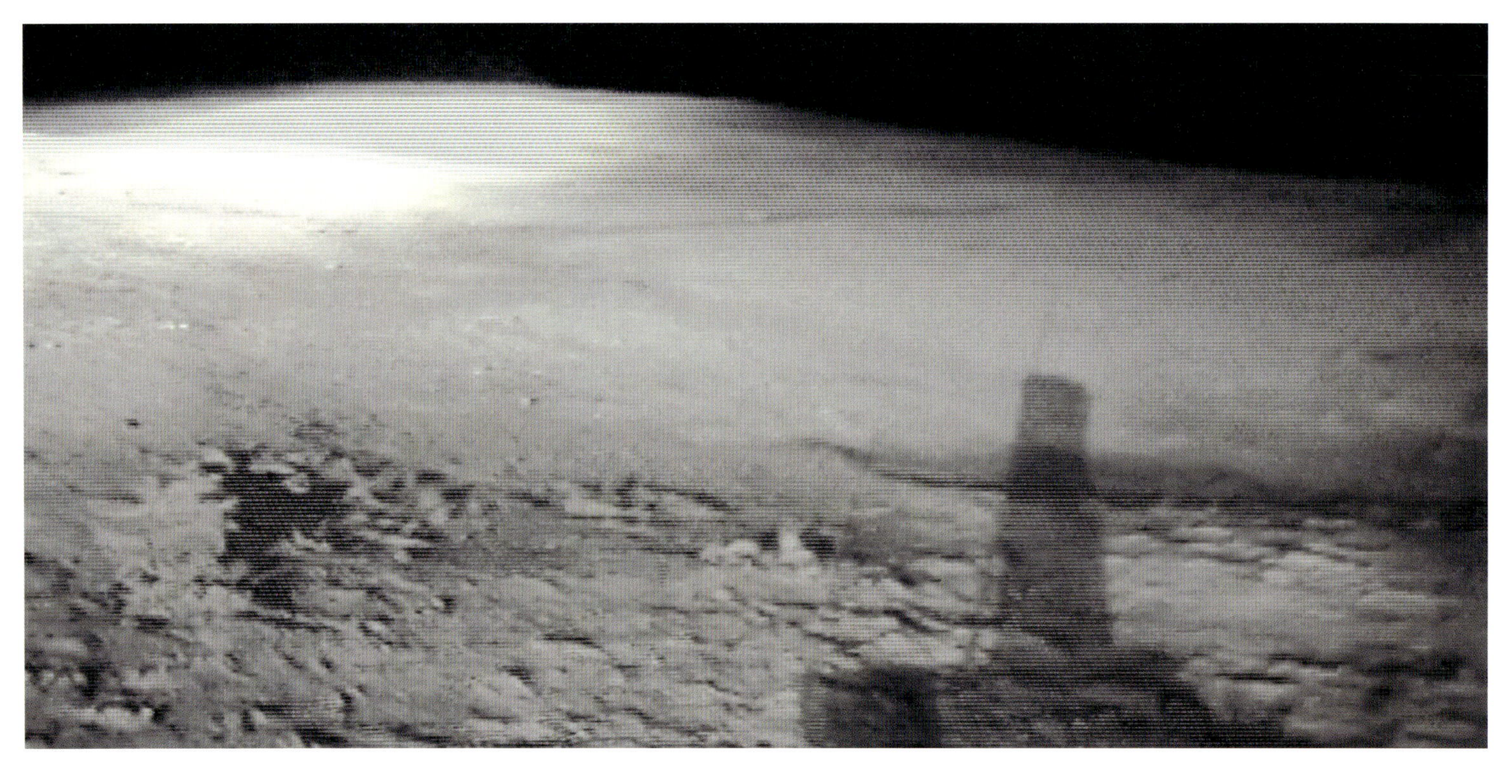

Sojourner II. 1120, 1999

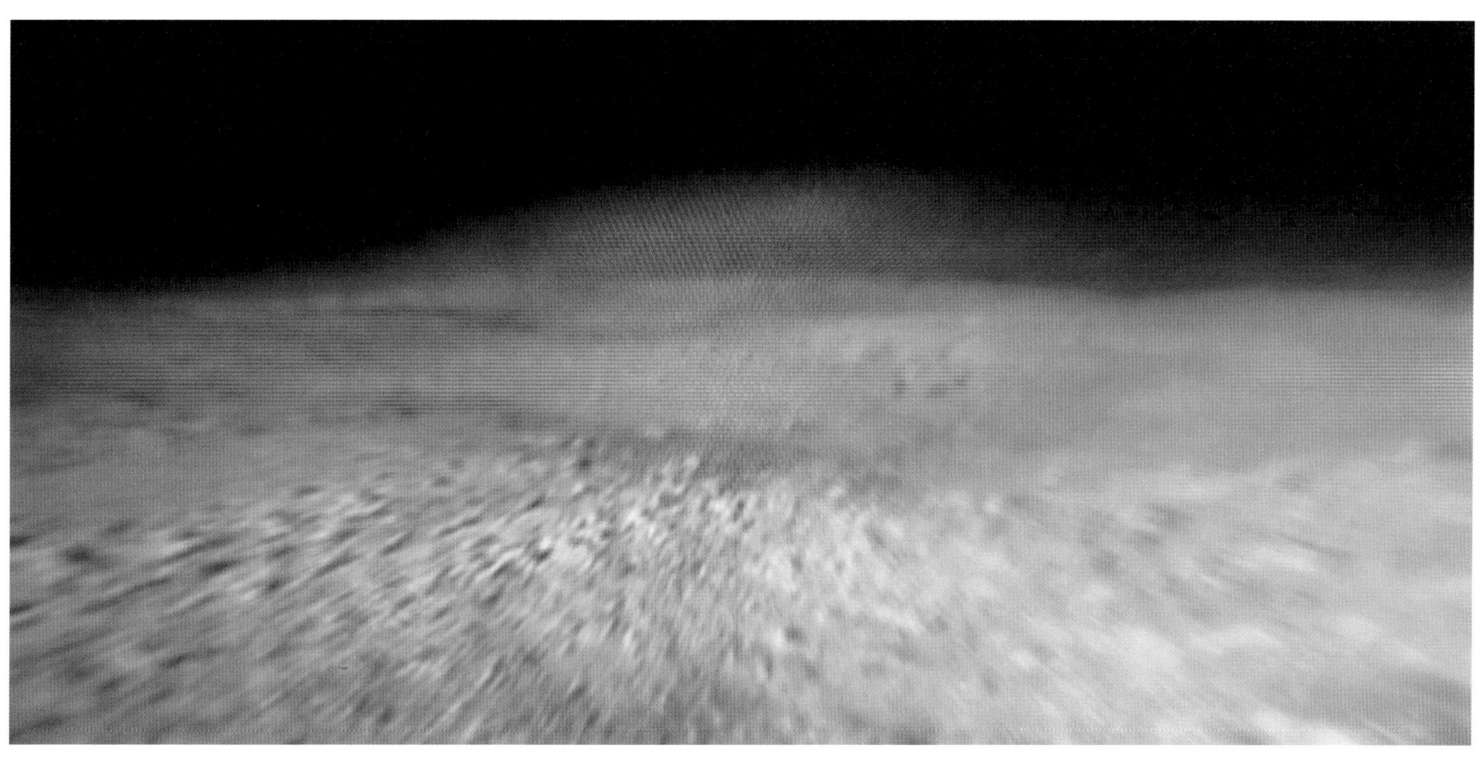

Sojourner II. 1131, 1999

# Face Codes, 1998/99

Die in Kyoto und Tokio entstandenen *Face Codes* sind digitale Videostills und wurden in der Nachbearbeitung durch identische Parameter typisiert. Der am unteren Bildrand laufende Text, Untertiteln eines nicht synchronisierten Films ähnlich, besteht aus dem alphanumerischen Code der Bildinformation, die in den japanischen Code „zurück"übersetzt wurde.

The *Face Codes*, taken in Kyoto and Tokyo, are digital video stills that were later reworked and typified using identical parameters. The text running along the lower edge of the image, similar to subtitles in a non-synchronized film, represents the alphanumeric code of the respective image, which has been translated "back" into the Japanese code.

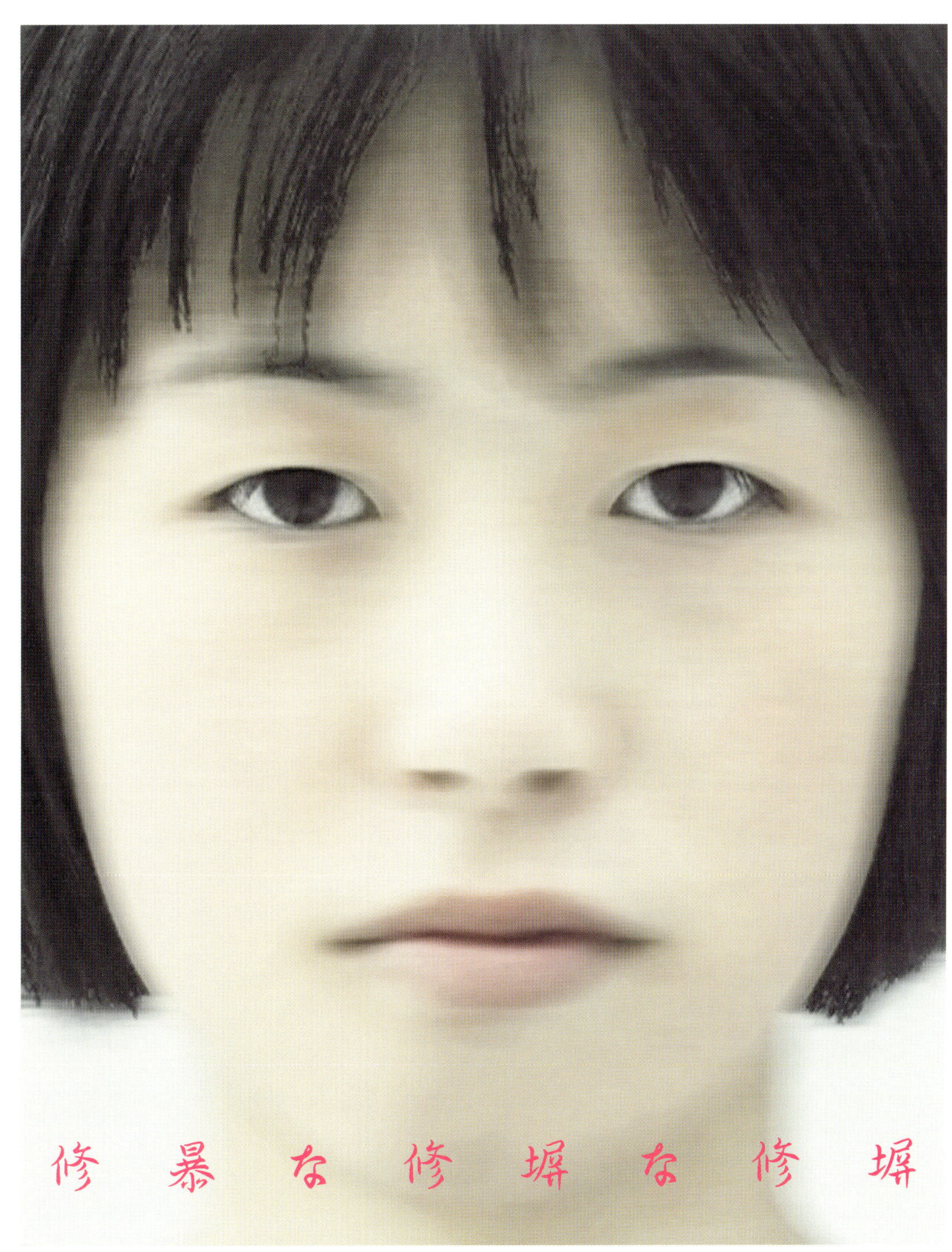


Face Code, 2099 (Kyoto), 1998/99

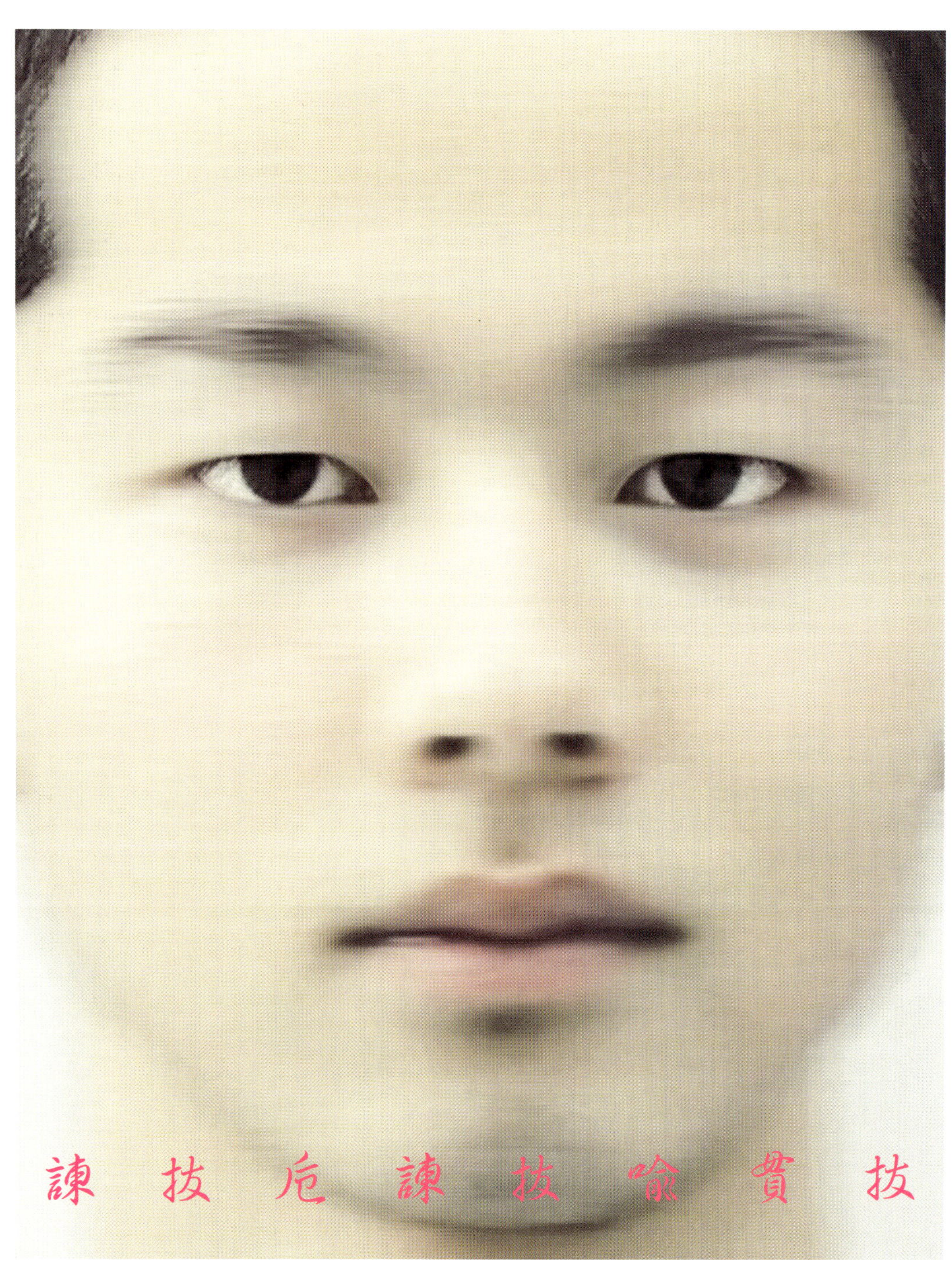


Face Code, 2106 (Kyoto), 1998/99

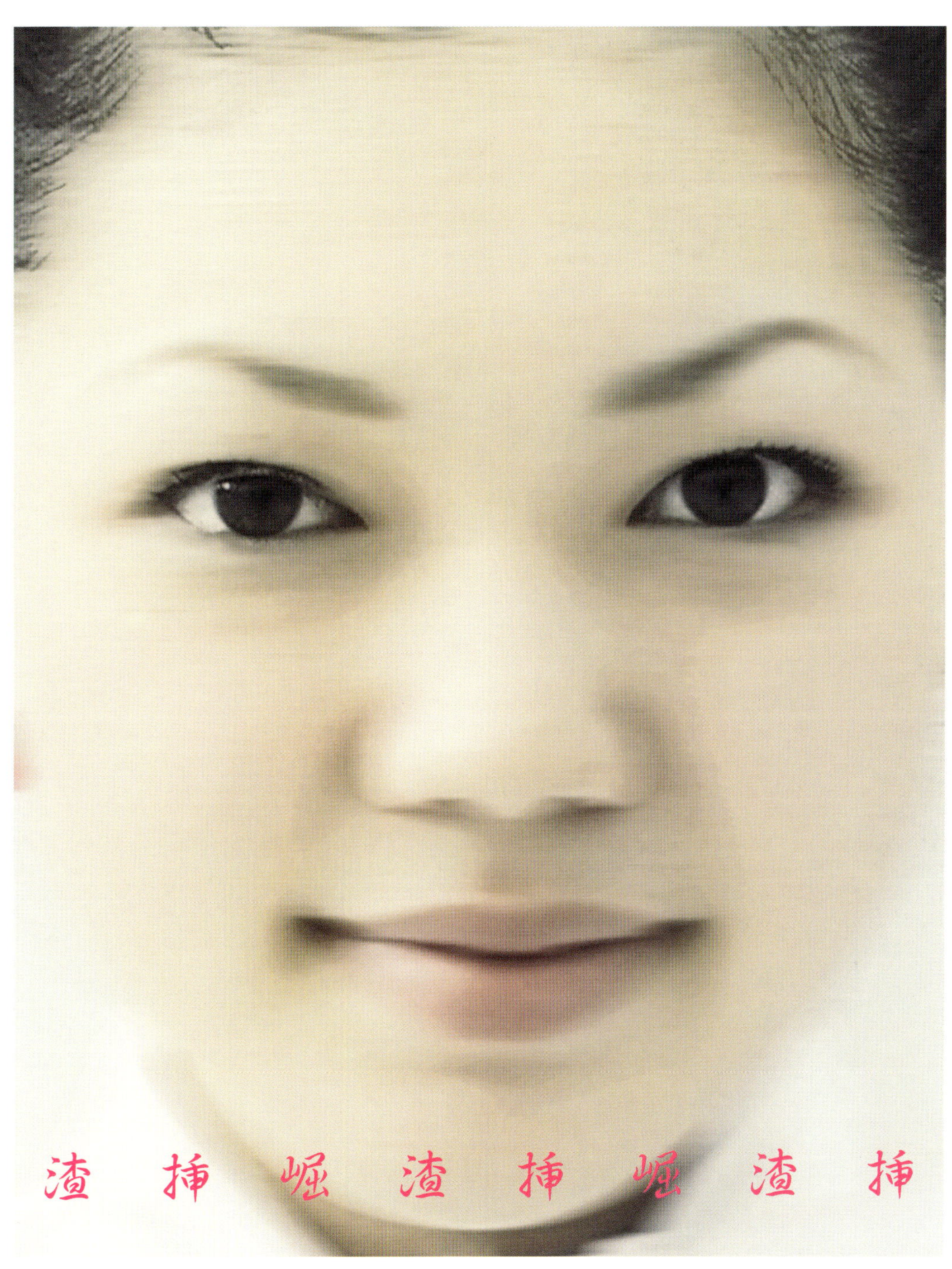


Face Code, 2134 (Kyoto), 1998/99

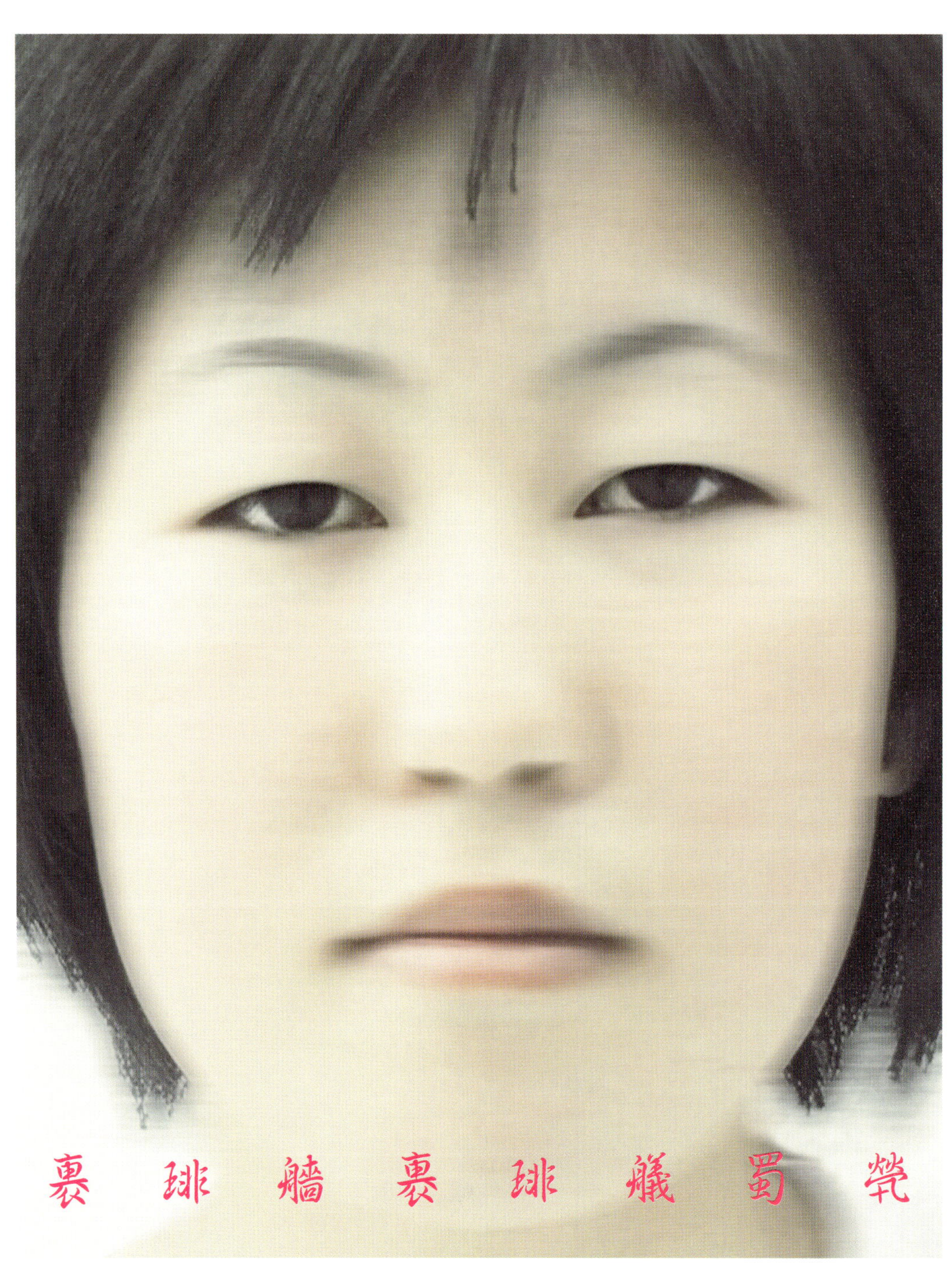

Face Code, 2097 (Kyoto), 1998/99

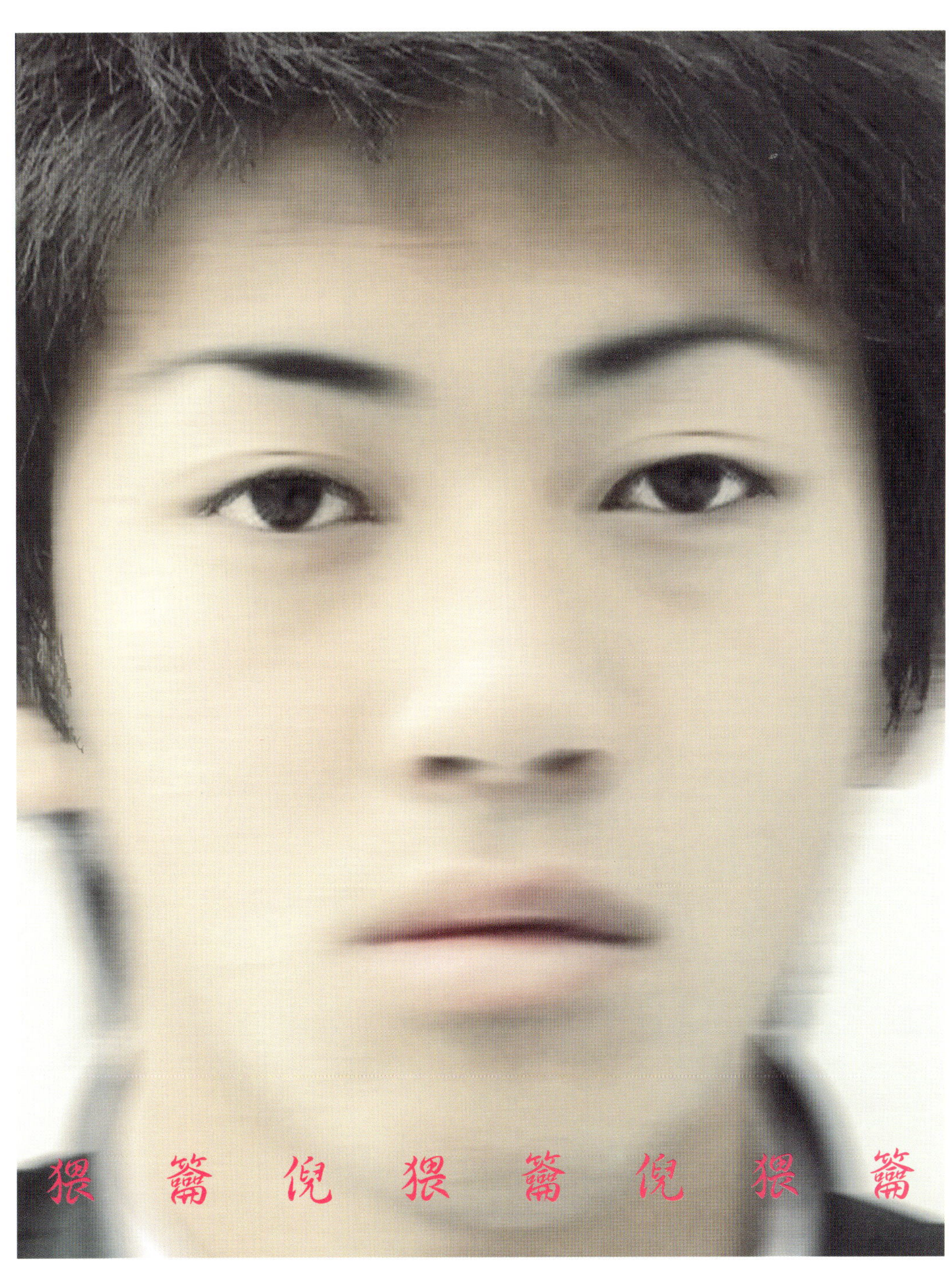

Face Code, 2138 (Kyoto), 1998/99

# Interfaces or The Face out of Sight

By *Hubertus von Amelunxen*


A machine gnaws at pictures like Cronus gnaws at his children. Indifferent and unrelenting, the sharp toothed wheels turn and, like a curse, assail yet again what the pictures represent, reducing them to tatters, tearing them to shreds of paper or cellophane, a ragged apparel which no longer envelops or conceals anything, and just abandons the gazes for which the pictorial productions were once intended. A powerful spectacle – this commonplace terminus for pictorial worlds in the late twentieth century. In *Entropia* (1996) by Andreas Müller-Pohle, the pictures get together and celebrate their contemporaneity. Be it in heaven or in hell, they enter into dance formations on the mechanical rollers, as if celebrating their liberation from the community of gazes. The pictures have abandoned their social and aesthetic location and are being led to an economy which could be referred to in the words of Georges Bataille as an "economy of extravagance." Torn to shreds, reduced to a world of indecisive images, they experience in this grinder a kind of apotheosis which no museum could ever have helped them attain. In no way is *Entropia* an iconoclastic machine, rather it is the image of images. In this same image, the picture destined to decay becomes itself an image, an icon.

*Entropia* may be looked upon as a critical examination of pictorial worlds at the end of the twentieth century – of the production, reproduction and consumption of myriad images. Bearing in mind Andreas Müller-Pohle's works of the past two decades, the installation and video now on view in Göttingen also allow other considerations. The following constitutes an exposition of decisive moments in Andreas Müller-Pohle's oeuvre. *Entropia* provides the leitmotif, and the time is not chronological, the coming into being and passing away of things is not a consistent process indelibly inscribed into the moment. If a photograph is understood as an image of decay, then it is not indebted to any historical time.

From *Constellations* (1976–79), *Transformance* (1979–1982), *Albufera* (1985), *Dacapo* (1988–1991), *Signa* (beginning in 1989), *Cyclograms* (1991–1994), and the *Perlasca Pictures* (1992) to *Digital Scores* (1995–1998), *Sojourner II* (1997/99) and the *Face Codes* (1998/99) – Müller-Pohle's work groups suggest a continuity which develops from graphic figurativeness to defiguration, and which now demonstrates its contemporaneity in the alphanumeric code. The video work *Entropia* runs through his two decades of artistic work; the machine functions like a plow churning up and re-stratifying time. *Entropia* is the differential of the pictures, not followed by an equation, but, like a gear transmission, synchronizing the gesture of photography in these images cut up into spaces of time. The exhibition is entitled *Interfaces*; it thus avails itself of a term everyone is using, and for which there is really no German equivalent, a term which attempts to determine the relation between tool, user and action (Gui Bonsiepe). The following remarks will consider photography and the photographic (in the sense of the dispositive) as an interface, and elucidate them in eight steps, referring to the works of Andreas Müller-Pohle as examples.


*I.*

The left side of the photograph is taken up by the corner of a neoclassical facade with bright marble panels, the right side by a dark tree trunk which divides it up. The foreground is dominated by a fence whose four spearheaded posts taper to the left. The picture is divided almost symmetrically; horizontally by the fence posts, vertically by the bark of the tree which is shaded in the contre-jour. The bark of the tree protruding into the left side of the image disrupts the stringent composition of the photograph, even revoking this in its accentuation, its emphasis. Like an indexical reference, one of the spearheaded posts points to a

separation which is the very foundation of the image, that is to say, which pre-
ceded our perception. The three pictorial levels – fence, bark, facade – are linked
by the fence, which encloses an indiscernible territory; they are also linked by
what each of them conceals. The picture (*Constellations, Untitled* [London], 1997)
resembles a collage. Each of the three pictorial elements is defined by its relation to the other. The exposure of this frame unleashed a movement which
brought the stringent graphic composition back into the space of our perception.
The spearheads indicate a movement that goes to the very heart of photography, its noema, the "logic of being produced." They transport the picture as if
they had perforated the film, and as if the perforation was the really moving thing
about the photograph. They rip open the surface, as if the picture adhered to an
– altogether Epicurean – reality on the carrier, only to conceal the impenetrable
darkness of all represented reality. Things disappear behind their representation.
Andreas Müller-Pohle leads on the rhythm in which the things sink below the
surface to depictions of a tonality which will become perceptible at some point
as the hissing of entropy or the vocalization of calculating codes. Whether surfaces are ripped iconographically, or the movement of the camera sweeps things
along in a stream of light that imbues every spot of emulsion with significance,
or whether pictures are torn apart and joined together in new snippets of time,
Andreas Müller-Pohle pursues a deliberate and consistent path that takes his works
from configurations to defigurations. It is almost as if he were not willing to be
satisfied with merely taking photographs, but wanted either to lead the fall of
the light, as the real "chronoscopic" (Paul Virilio) process, to an allegorical, never
ending decay, or prolong it after the exposure in chemical permutations of the
surface, as in *Signa* or the *Cyclograms*. The *Constellations* were experiments aimed
at sounding out what legacies might still be obtained from the "revolutionary
optics" of the 1920s with regard to perspective constructions. The works cite the
perspectives of modernism – strict geometrical views, rotating and shifting ho-
rizons, the restratification of architectonic hierarchies, or the retraction of the
figurative in favor of purely optical constructions in space. As experiments, these
photographs position perception in one and the same constellation with the
apparatus and with – to use Flusser's term – the programs for its transmissions.

At some point, the pictures got mixed up; it is hard to say exactly when. But when it did happen, the space between them – the space of perception – underwent a fundamental change. That must have taken place around the time when eyes no longer looked at pictures, when in the general acceleration gazes were incapable anymore of corresponding to them, and all that happened was that more pictures fell into pictures. But the fall of the pictures was really the fall of the gaze. What also fell was the elementary longing to read from them that comforting incentive to assess the human according to its representation and place it in the confines of the historical. In the middle of the last century, Baudelaire lamented that in the Louvre his eyes grazed along the pictures like two bloody lotto balls. This lament still echoes the extreme effort required of the gaze to take possession of what it sees, to demand of the eye that tactile quality which allows it to still touch what is distant from a distance. Baudelaire's graphic comparison of his eyes to a pair of lotto balls indicates both the arbitrary and the chance element which determine the joy, license, desire, disappointment, longing or fate of the gaze. What is the nature of the gaze's temporal constellation? Time is determined by Baudelaire's expectation to make a "hit" in the painting, so to speak, that there be a correspondence between the gaze and the picture in that momentary constellation. It is an equation with two unknown quantities, to be calculated only with the space that separates gaze and picture. A causal link can only be assumed conditionally, as this would lie in the perspective construction. Around the middle of the nineteenth century, the gaze fell into a historical constellation with the place, style, framework, and technique of the picture. One could come closer to the horizon of expectation of aesthetic reception by way of certain facts (socialization, urbanization, mechanization etc.). What remain indefinable, however, are the "bloody" effects of the "hit." The hit whose occurrence is calculable annihilates each and every calculation. In it the temporal momentum becomes just as incalculable – that is to say, measurable where it touches past and future – as we would assume of an epiphany.

Beginning with the *Constellations*, Andreas Müller-Pohle fashions pictures into organic, chemical protuberances of time, and inorganic, physical snippets of time. Opposite the referential, that is to say, the process of physical-chemical representation, is the differential, the autopoietic generation of images. Just as in the former process the referent is drawn into the picture, in the latter, the process generates the rules of inner-pictorial reference. The differential means the various forms of translation or transmission in the image and the speed at which the layers of diffusible, no longer recognizable reality come to rest on the surface of the picture. Time has nested in the respective processes in various ways – as the calculable time of the exposure, and as the chance time-span in which surfaces undergo defigurative and deconstructive permutations. The Polaroids *(Signa)* show how a desynchronization of exposure and development – photos of urban landmarks – leads to a chemical degeneration of the surface, which ruins every building in the photograph. The photographs developed themselves in the course of the journey. Contrary to the manufacturer's instructions to separate the positive from the negative after one minute (Polaroid, type 665), Müller-Pohle only began this process after his return home. The landmarks of a city bundle the gazes of travelers in the respective place; the people carry the images home in the postcards and souvenirs they buy. Films are developed, albums filled, and the landmarks become punctuation marks in accounts of memories. One peculiarity of the *Signa* is that due to a trick the landmarks in a distant place are only barely recognizable; as the chemicals penetrated, they ate their way into the carrier to the point of becoming unrecognizable. Some of the *Signa* images resemble frescoes, and the observer wonders if a memory was ever able to touch on actuality in the medium.

It would be overhasty to claim that Andreas Müller-Pohle is working on the disappearance of objects from photography, or on the annihilation of the reference, the referential. One could say instead that by shifting the photographs into a totally different economy of seeing, he robs the pictures of the face given to them by the moment of exposure. This economy no longer has to do with the search for the face of the world, a building, a loved one in a photograph. In

Müller-Pohle's works the face of things has slipped from view. Only intuitively can we undertake an imaginary return of photography to a spatiotemporal continuum and, at most, assume a causal link between image and extra-pictorial reference. In many of Müller-Pohle's works chance assumes an important function in the pictorial coming-to-be that ends in indeterminateness, that is, when the image *pictorially* testifies to a reaction in an unforeseeable manner. Then the lotto balls referred to by Baudelaire have rolled over the image, detached themselves from the face and adjusted to the image. Chance would have it that something strikes the image posthumously, so to speak.

In one of his last texts Vilém Flusser wrote about a Greek temple frieze showing the mythical scene of Chance *(Tyche)* pursued and hunted down by Necessity *(Anáke)*. The text is as follows: "If, namely, everything is a consequence of causes and will itself bring about consequences, if, namely, everything is ordered consistently in causal chains, then neither longing for a goal nor terror of mysterious, unfathomable impulses are permitted. If I myself, and all that I do or fail to do, am determined in advance and foreseeable, then I can experience neither the enticements of happiness nor the lashes of fate." For an ontology of photography, the exposure of man is a basic matter of fate. Andreas Müller-Pohle has taken another path. Already in *Transformance* he staged a game between necessity and chance. With 10,000 shots to be taken, the things fall into the camera without having being sought by a gaze. These photos were taken free hand. The apparatus simulated, so to speak, the gesture of a gaze that never saw what fell into its field of vision. The arbitrarily high number of photographs may have something to do with the countless unseen everyday images which fulfill some function or other, but which, once brought to light, are left with only an abstract spatial presence. Chance here is itself an agenda, and the question is, how the crisscross movements of light and apparatus are rendered in concrete form in the image. Bernd Busch once remarked quite aptly that Müller-Pohle's *Entropia* no longer asked about "what is sublated in photography," but instead dealt with "the sublation of photography."

*IV.*

The *what* of photography is memory, the sublation of photography is the medium's mode of thinking in terms of the legibility of traces, albeit above and beyond the life set in those traces. For the French translation of the Hegelian term "Aufhebung" (sublation), Jacques Derrida has suggested the word "relève." This means preservation as negation of the given, in the Hegelian sense, a de-realization or a dispatch into latency, as well as relief, as in a changing of the guard or watch, for example. As if one witness had to be replaced by another in order to grasp the social collective as a continuous testimony. In *Dacapo I* and *II*, Andreas Müller-Pohle had already alienated stereotype postcard views in projected montages and by scratching off parts of the surfaces, thus producing singular testimonies. The Polaroid series, *Signa*, turns the instantaneous camera snapshot into biochemical introspection, giving the impression of a memory which can no longer attain a presence. *Signa* are signs of photographic decomposition, whereby the things perceived unite with the chemistry of their representation in such a way that each encounter on the part of the human gaze is a radical plunge into phantasmagoric constructions. Photography no longer watches over things. The perfection of the technical apparatus has robbed all dispositives of recording, storing, and communicating of any kind of credibility in terms of bearing witness to the real. In the brief history of the progressive mechanization of visual testimony, photography was the first optical lie, just as willingly gone along with as was the false Mary in Fritz Lang's film *Metropolis*. The "sublation of photography" would mean that, today, one replied to the gradual translation of the medium into the "analogo-numeric" code (Bernard Stiegler) with the historical burden left behind in the "optical unconscious" by the medium of photography.

*V.*

When the face is released from the gaze, and that testimony to which we always appeal, so as to gather disappearance, no longer leaves any real impression on the medium, then we will have to come to grips in future with a fundamentally different form of memory and recollection. The theme of Müller-Pohle's works in the 1990s was the recognizability of historical stereotypes; he was obviously concerned with the values of the archive, collective memory, and the representational value, as it were, of what can be remembered. The series *Perlasca Pictures* (1992) was developed in connection with a film by Nina Gladitz about the Italian Giorgio Perlasca, who managed to save several thousand Jews in Budapest from death. The photographs by Müller-Pohle, interspersed throughout the film, seemed like a rebellion against the future perfect of photography, and with the medium they reflected on the impossibility of subsequent testimony.

The work *Digital Scores* (1995–1998) releases from the round dance of visual testimony that very document which bears witness to the invention of photography (Nicéphore Niépce's view from his study in St. Loup de Varennes, 1826), translates it into the binary code, and then turns the alphanumeric code of the information contained in the photograph into an eight-part score. Whereas, as a false document, the *Perlasca Pictures* accompany historical events in light of today, the *Digital Scores* decompose the almost mythical visuality of this earliest known photograph into a cryptogram which, as visually unrecognizable information, becomes an image. The visual translation of historical content takes place in accordance with its representational values and with the canon which vindicates these as historically recognizable. The digital dissolution of an image into universally generatable codes proceeds according to a program and regardless of the representational values. Yet a canon exists, and no other canon in the history of western thought has been able to establish itself as quickly as that of discreet units (bits). As a canon, the code does not *translate*, it *locates* and *dislocates.* The consequences can be hallucinatory, that is to say, a reality is no longer reproduced mimetically, but rather a new one is posited technically and mentally (the first theoretician of virtual reality was Freud); it can also mean that, through the digital code, an event is actively dislocated from its embeddedness in the spatiotemporal continuum. In both cases the consequences are unforeseeable.

When the face slipped out of sight, people began to ponder on the interface. A face had to be created that would mediate between the riotous profusion of images and the atrophy of the gaze. It is not the eye that suffers, but its intentional apparatus. Today, the point of contact between man and computer is called interface; it has to condense the information we would expect from a human encounter into the essential value of functionality, so to speak. Interface, "between face," is a mask we desire in the hope that it will mediate, a *Face Code* we ourselves write; a shutter, no longer in the camera sorting the light at the time the photograph is being taken, but in all human communication which would potentially already have taken place, at the behest of the interface:

> "Mais non! ce n'est qu'un masque, un décor suborneur,
>
> Ce visage éclairé d'une exquise grimace,
>
> Et, regarde, voici, crispée atrocement,
>
> La véritable tête, et la sincère face
>
> Renversée a l'abri de la face qui ment."
>
> (Charles Baudelaire)

Baudelaire could still distinguish between the truthful and the deceptive, and let the one conceal the other in the gaze.

The interface only knows a view as the mediation of a program command. Its task is to determine the present time, which has to anticipate every future gesture as already organized and appropriate to the receptacle. There is a correspondence between the interface and what Vilém Flusser describes as the experience of time of the "techno-imagination." For the "techno-imagination," traditional ontology appears as the understanding of presence as a passage between past and future, "a classic example of madness." Only the present is real, "because it is the place to which what is only possible (the future) comes, in order to be realized (that is, made present)." The task of the interface is to make the future computable. Andreas Müller-Pohle's *Face Codes* are digital video stills of Japanese people into which the codes of their faces have been inserted as an image (translated, in turn, into Japanese characters). What we call similarity, and for which the photographic medium has always been cited as an equivalent, springs from an historical habit. In the *Face Codes* this habit still appears as citation. Inserting the information that lies at the base of a picture now defines similarity as a computable quantity, on which ontology must indeed make no impression.

*VII.*

The video work *Sojourner II* is modeled on the well-known exploration of the surface of Mars by the vehicle of the same name, which was controlled from the earth, but with the difference that, in this case, Müller-Pohle steered a small digital image-eater (a video camera mounted on a remote-controlled car) and could also keep a close eye on it. The location was a definitely inhabited place called Marsdorf near Dresden. The chance correspondence between the names designates two totally different "places" but at the same time signifies the localization of chance, in Flusser's sense of allowing the advent of the possible. The video sequences of paths, building sites, or abandoned military installations taken by *Sojourner II* converge in the work itself into scarcely identifiable condensates of pictures captured over periods of five or ten seconds. The place, be it Mars or Marsdorf, has forfeited its meaning as a locality that grants identity. As Peter Eisenman wrote several years ago, in an era of technical interconnectedness, the classical site no longer exists. Equally site-less are these digitally condensed moments, from which no presence can be read and which instead transport the moment of time as information. As a result, this time cannot be enclosed in an historical sentence, by any syntagma of temporality, and can stand at the origin of a time of computability.

*VIII.*

The *Signa* series was followed in early 1992 by the *Cyclograms*. A round vessel filled with developer was lined with photographic paper. Then the vessel was filled with photographs that had been shredded into confetti or strips. The images that emerged in the light of these time particles show light rays and a whole undergrowth of time vectors, which became entangled in the turbulence of the fluid. What the *Cyclograms* and *Entropia* have in common is the utilization of pictorial material. In both cases, the destruction of photographic views constitutes the origin of an image-giving process, be it as a video or as a photogram. In both cases, the aspect of recycling is decisive for the reproduction of the image. The defigurations lead the eye away from the desire to recognize something, so as to place the time of the image into the time of its perception. Since his *Constellations*, Müller-Pohle has been laying in a consistently experimental store of works, which have moved from the representation of things to the mediation of their non- representability. It may well be appropriate to call these works *Interfaces*; the faces are out of sight, and Andreas Müller-Pohle allows the pictures to communicate on their way to infinite contemporaneity.

# Andreas Müller-Pohle *Curriculum vitae*

Geboren am 19. Juli 1951 in Braunschweig. 1973–1979 Studium der Wirtschafts- und Kommunikationswissenschaften in Hannover und Göttingen. Seit 1980 Verleger und Herausgeber der Zeitschrift *European Photography*. 1985–1994 Berater des "European Photography Award", Frankfurt und Bad Homburg. 1986 Herausgabe von Vilém Flussers Essay *Die Schrift* als elektronisches Buch auf Diskette. 1996 Gründung der "Edition Flusser". Seit 1997 Gastprofessur am Higher Institute for Fine Arts, Antwerpen.

Born in Braunschweig, Germany, 19 July 1951. Studied economics and communications at University of Hannover and University of Göttingen, 1973–1979. Editor and publisher of *European Photography* magazine since 1980. 1985–1994 consultant for "European Photography Award," Frankfurt and Bad Homburg. 1986 publication of Vilém Flusser's *Die Schrift* ("On Writing") as an electronic book. 1996 foundation of "Edition Flusser". Since 1997 guest professor at the Higher Institute for Fine Arts, Antwerp.

**Einzelausstellungen** *Individual Exhibitions*

1998   Gallery Ississ, Kyoto; Mücsarnok / Kunsthalle, Budapest; Galéria Goethe-Institut, Budapest

1997   The Print Center, Philadelphia; Museum für Photographie / Wasserturm am Giersberg, Braunschweig; Goethe-Institut, Houston; Goethe-Institut, Atlanta; Kunstverein Rüsselsheim; Vu – Centre de la Photographie, Québec; Galerie Condé, Paris; Galerie Mantoux-Gignac, Paris

1996   Gallery 111, Thessaloniki

1995   Espace Photographique Contretype, Brussels; Kunstverein Hildesheim

1994   The House of Balabanov, Plovdiv

1993   Centre de la Photographie, Geneva; Galeria Documenta, São Paulo

1992   Fotogalerie Wien, Vienna

1991   Brandenburgische Kunstsammlungen, Cottbus

1989   Galerie Stará radnice, Brno

1988   Galerie Jutta Rössner, Stuttgart; Círculo de Artes Plásticas, Coimbra

1987   Galeria Fotografii Elementarnej, Ladek Zdrój; Kunstverein Marburg; Espai F, Granollers/Barcelona

1986   Funarte, Rio de Janeiro; Galeria Foto-Medium-Art, Wroclaw; Hasselblad Gallery, Göteborg; Galeria Agorà, Turin

1985   Galerie Jutta Rössner, Stuttgart; Photo-Galerie 52, Luxemburg; Fotoforum Bremen

1984   Casa do Infante, Porto

1983   Galerie Studio 666, Paris; Camera Obscura Gallery, Stockholm; Galerie Perspektief, Rotterdam

1982   Galerie Pro Photo, Nürnberg; Benteler Galleries, Houston; Galerie Foto Art, Frankfurt

1981    Salzburg College Gallery, Salzburg; Galerie
Renner, Munich; Forum Stadtpark, Graz; Galerie
Novum, Hannover; Galerie Ruth Remus, Düsseldorf

1979    Work Gallery, Zürich; Art Studio, Cologne

1978    Galerie Krebaum, Weinheim; Galerie im
Kettenlädle, Stuttgart; Galerie Trockenpresse, Berlin

**Gruppenausstellungen *Group Exhibitions***

1997    *Analog – Digital*, Museum für Photographie,
Braunschweig; *Allemagne, années 80*, Maison Européenne de la Photographie, Paris; *Photography After
Photography*, Institute of Contemporary Art, Philadelphia; Finnish Museum of Photography, Helsinki

1996    *Vidéo Art Plastique*, Centre d'Art Contemporain
de Basse-Normandie, Hérouville Saint-Clair; *Photog-
raphy After Photography*, Fotomuseum Winterthur;
Museet for Fotokunst, Odense; Brandenburgische
Kunstsammlungen, Cottbus; Städtische Galerie
Erlangen; Kunsthalle Krems; *14th World Wide Video
Festival*, The Hague

1995    *Photography After Photography*, Aktionsforum
Praterinsel, Munich

1994    *Paysage de l'apparence*, Mai de la Photo, Reims;
*Photogramme – une pratique contemporaine*, Espace Pho-
tographique Contretype, Brussels; 't Elzenveld,
Antwerp

1993    *Wiederbegegnung*, Kunstverein Marburg; *Deutsche Kunst mit Photographie: Die 90er Jahre*, Deutsches
Architekturmuseum, Frankfurt; Rheinisches Landes-
museum, Bonn

1992    *L'Échappée européenne*, Mois de la Photo,
Pavillon des Arts, Paris; *Première Photo*, Galerie du
Jour Agnès B., Paris

1991    *The Persistence of Memory*, Third Israeli Biennale
of Photography, Mishkan Le'Omanut, Museum of

Art, Ein Harod, Israel; *Européens*, Festival Photographique du Trégor, Centre Jean Savidan, Lannion;
*O Coraçao da Ciência*, Centro de Estudos de Fotografia, Coimbra; Espace Photographique Contretype,
Brussels

1989    *Intern – Extern*, Galerieforum, Berufsverband
Bildender Künstler, Düsseldorf; *Weitblick – Aspekte
einer Kunst mit Fotografie*, Universitätsmuseum für
Kunst und Kulturgeschichte, Marburg; *Das Foto als
autonomes Bild – Experimentelle Gestaltung 1839–1989*,
Kunsthalle Bielefeld; Bayerische Akademie der
Schönen Künste, Munich; *What is Photography?*,
Mánes Gallery, Prague; *Dokument und Erfindung –
Fotografien aus der Bundesrepublik Deutschland 1945 bis
heute*, Haus am Lützowplatz, Berlin; Augustiner-
museum, Freiburg; Moore College of Art and
Design, Philadelphia

1988    *Fotovision – Projekt Fotografie nach 150 Jahren*,
Sprengel Museum, Hannover; Kunstraum im Messe-
palast, Vienna; Museum für Gestaltung, Zürich

1987    *Fotografische Bilder*, Deutscher Künstlerbund,
Forum Böttcherstrasse, Bremen; *Le temps d'un mouve-
ment*, Centre National de la Photographie, Paris

1986    *Selections 3: From Polaroid Collection*, Photokina,
Cologne; *Himmelsschreiber – Dimensionen eines flüchtigen
Mediums*, Kunstverein Kassel; *Foco 86*, Circulo de Bel-
las Artes, Madrid; *Fotografia Elementarna*, Galeria Sztu-
ki Wspólczesnej, Szczecin; *Fotografie: Abbildung? Ein-
bildung?*, Museum am Ostwall, Dortmund

1985    *II Jornades Fotogràfiques a València*, Valencia; *New
Photographic Trends from Europe*, Malmö Konsthall; *The
European Edge – New Photographic Trends from Europe*,
Museum of Photographic Arts, San Diego; *Das Akt-
foto – Ansichten vom Körper im fotografischen Zeitalter*,
Münchner Stadtmuseum, Munich; *Zeitgenössische
deutsche Fotografen*, Museum für Photographie,
Braunschweig

1984   *Fünf Fotografen*, Kunstverein Langenhagen; *La Photographie créative*, Bibliothèque Nationale / Pavillon des Arts, Paris; *Contemporary European Photography*, Benteler Galleries, Houston; *Contemporary German Photographers*, Santa Fe Center for Photography, Santa Fe, New Mexico; *5.os Encontros de Fotografia de Coimbra*, Edificio Chiado, Coimbra

1983   *Bugünün Avrupa Fotografi / European Photography Today*, Dost Sanat Ortami, Ankara; *Zeitgenössische europäische Fotografie*, Museum zu Allerheiligen, Schaffhausen; *57 Fotografi Contemporanei Europei*, Palazzo Novellucci, Prato; *Fotografie '83*, Stadthalle Wien, Vienna; *Photographie in Deutschland heute*, Koninklijke Akademie voor Schone Kunsten, Ghent; Cultureel Centrum, Hasselt; Musée de la Photographie, Charleroi; Het Wapenschild, Antwerp; *La mirada seducida*, Galeria Forum, Tarragona

1982   *International Photographers*, Eaton / Shoen Gallery, San Francisco; *European Photography: Recovering our Face through the Image*, 3rd Meeting per l'Amicizia fra i Popoli, Rimini

1981   *Eight Contemporary European Photographers*, Rice Media Center, Houston; *Erweiterte Fotografie / Extended Photography*, 5. Internationale Biennale, Wiener Secession, Vienna; *Aspekte zeitgenössischer deutscher Fotografie*, PPS-Galerie, Hamburg; *Drei Fotografen*, Kunstmuseum Düsseldorf; *Abstraction and Reality*, Galleria Flaviana, Locarno; *New German Photography*, The Photographers' Gallery, London; The Photographic Gallery, Cardiff; Open Eye Gallery, Liverpool; The Rochdale Art Gallery, Rochdale; Gallery of Photography, Dublin; Royal Photographic Society, Bath

1980   *Vorstellungen und Wirklichkeit – 7 Aspekte subjektiver Fotografie"*, Städtisches Museum Leverkusen; Künstlerhaus Wien, Vienna; Fundació Miró, Barcelona; Instituto Alemán, Madrid; Galeria JN, Porto; Instituto Alemao, Lisbon

**Bücher und monografische Kataloge**
***Books and Monographic Catalogues***

Andreas Müller-Pohle: *Digitális Partitúrák III*. Preface by László Beke, essays by Florian Rötzer and Andreas Müller-Pohle. Budapest: Mücsarnok / Art Hall, 1998 (Hungarian/German)

Andreas Müller-Pohle: *Synopsis*. Essay by A. D. Coleman. Atlanta / Houston: Goethe Institutes, 1997 (English)

Andreas Müller-Pohle: *Synopsis*. Essay by A. D. Coleman. Québec: Vu – Centre de la Photographie, 1997 (French)

Andreas Müller-Pohle: *Partitions digitales I (d'après Niépce)*. Essay by Florian Rötzer. Paris: Galerie Condé, 1997 (French/German)

Andreas Müller-Pohle: *Perlasca Pictures*. Essay by Hubertus von Amelunxen. Hildesheim: Kunstverein Hildesheim, 1995 (German)

Andreas Müller-Pohle: *Signa*. Essay by Carl Aigner. Vienna: Fotogalerie Wien, 1992 (German/English)

*European Photography Award 1985–1994*. Edited by Jean-Christophe Ammann and Andreas Müller-Pohle. Ostfildern: Cantz Verlag, 1994 (German/English)

*European Photography Award*. Edited by Andreas Müller-Pohle. Göttingen: European Photography, 1991, 1992, 1993 (German/English)

Andreas Müller-Pohle: *Was ich nicht sehe, fotografiere ich. Was ich nicht fotografiere, sehe ich. Arbeiten 1976–1991*. Preface by Ullrich Wallenburg, essay by Vilém Flusser. Cottbus: Brandenburgische Kunstsammlungen, 1991 (German)

Andreas Müller-Pohle: *Transformance*. Essay by Vilém Flusser. Göttingen: European Photography, 1983 (German/English)

*Fotografie in Europa heute* (Dumont Foto 4). Edited by Andreas Müller-Pohle. Cologne: DuMont Buchverlag, 1982 (German)

Andreas Müller-Pohle: *Aus dem Zyklus "Konstellationen."* Göttingen: Self-published, 1978

**Ausgewählte Aufsätze *Selected Essays***

"La Dimension photographique." Rik Gadella (ed.): Paris Photo 1997. Paris: IPM, 1997

"Concepts de la photographie allemande après 1945." Maison Européenne de la Photographie (ed.): Une aventure contemporaine, la photographie 1955–1995. Paris: Éditions Paris Audiovisuel, 1996

"La dimensión fotográfica. Estrategias contemporáneas en el arte." *Papel Alpha*, Salamanca, nr. 1, 1996

"A dimensión fotográfica. Estratexias contemporáneas na arte." Manuel Vilariño (ed.): A Fotografía na arte contemporánea. A Coruña: Centro Galego de Artes da Imaxe, 1996

"Analog, Digital, Projektiv." Hubertus von Amelunxen et al. (ed.): Fotografie nach der Fotografie. Basel: Verlag der Kunst / G+B Arts, 1996

"Die fotografische Dimension." *Kunstforum International*, Cologne, nr. 129, January–April 1995

"The Photographic Dimension." *European Photography*, Göttingen, nr. 53, Spring / Summer 1993

"European Photography." ICI Photography Awards 1992. Bradford: National Museum of Photography, Film and Television, 1992

"Inszenierende Fotografie." Andreas Müller-Pohle (ed.): Inscenizacje. Wspólczesna fotografia w Republice Federalnej Niemiec. Warsaw: Stara Galeria ZPAF, 1988. English translation: "Photography as Staging." *European Photography*, Göttingen, nr. 34, April/May/June 1988

"Le hasard concretise." *Photographies*, Paris, nr. 7, May 1985

"Information Strategies." *European Photography*, Göttingen, nr. 21, January/February/March 1985

"Project Photography." *European Photography*, Göttingen, nr. 13, January/February/March 1983

"Visualism." *European Photography*, Göttingen, nr. 3, July/August/September 1980. Italian translation: "Visualismo." *Rivista di storia e critica della fotografia*, Turin, nr. 2, 1981. Greek translation: "Visualism." *Photographia*, Athens, nr. 11, January / February 1991

"Über das Licht. Aspekte einer fotografischen Lichtästhetik." Dumont Foto 2. Cologne: DuMont Buchverlag, 1980

"Series – Cycle – Sequence – Tableau." *European Photography*, Göttingen, nr. 1, January / February / March 1980

"Die zweite Avantgarde der Fotografie." *Fotografie*, Riesweiler, nr. 7, 1978

"Was ist Fotografie? – Versuch einer Annäherung." *Fotografie*, Riesweiler, nr. 5, 1978

**Veröffentlichungen in Büchern und Katalogen *Works in Books and Catalogues***

Luminita Sabau (ed.): *Das Versprechen der Fotografie. Die Sammlung der DG Bank.* Munich: Prestel-Verlag, 1998

Milena Slavická (ed.): *Vilém Flusser. Moc obrazu / Vilém Flusser Issue.* Vytvarné umení / The Magazine for Contemporary Art. Prague, 1996

Aris Georgiou (ed.): *Photosynkyria 96.* Thessaloniki: Camera Obscura, 1996

Hubertus von Amelunxen / Stefan Iglhaut / Florian Rötzer (eds.): *Photography after Photography. Memory and Representation in the Digital Age.* Basel: G+B Arts International, 1995

Martin Marix Evans (ed.): *Contemporary Photographers*[3]. Detroit: St. James Press, 1995

*Mai de la Photo.* Reims: Priorité Ouverture, 1994

*Wiederbegegnung.* Marburg: Marburger Kunstverein, 1993

*Deutsche Kunst mit Photographie: Die 90er Jahre.* Frankfurt: Deutsche Fototage, 1993

*Première Photo.* Paris: Galerie du Jour Agnès B., 1992

Gilles Mora (ed.): *L'Échappée européenne / Der europäische Ausbruch.* Paris / Lasclèdes: Les Cahiers de la Photographie, 1992

Gottfried Jäger : *Fotoästhetik. Zur Theorie der Fotografie. Texte aus den Jahren 1965 bis 1990.* Munich: Verlag Laterna Magica, 1991

John Stathatos (ed.): *The Persistence of Memory. Third Israeli Biennale of Photography.* Ein Harod: Mishkan Le'Omanut, Museum of Art, 1991

Gottfried Jäger / Jutta Hülsewig-Johnen (ed.): *Das Foto als autonomes Bild – Experimentelle Gestaltung 1839–1989.* Stuttgart: Edition Cantz, 1989

Jörg Boström (ed.): *Dokument und Erfindung – Fotografien aus der Bundesrepublik Deutschland 1945 bis heute.* Berlin: Edition Q, 1989

*Fotovision. Projekt Fotografie nach 150 Jahren.* Hannover: Sprengel Museum, 1988

*Gottfried Jäger: Bildgebende Fotografie.* Cologne: DuMont Buchverlag, 1988

Petra Benteler (ed.): *Photographie 1945–1985.* Hamburg: Museum für Kunst und Gewerbe, 1987

*Selections 3.* Polaroid Collection. Schaffhausen: Verlag Photographie, 1986

*L'Albufera – Visió Tangencial.* Valencia: Generalitat Valenciana, 1985

Michèle & Michel Auer: *Photographers Encyclopaedia International, 1839 to the present.* Hermance: Editions Camera Obscura, 1985

Jean-Claude Lemagny: *La Photographie créative.* Paris: Contrejour, 1984

Giovanni Chiaramonte (ed.): *Fotografia Europea Contemporanea.* Milan: Jaca Book, 1983

Photographie in Deutschland: Heute. Antwerp: Koninklijke Akademie voor Schone Kunsten, 1983

George Walsh et al.: Contemporary Photographers. London: Macmillan Publishers, 1982

Carole Naggar: Dictionnaire des photographes. Paris: Editions du Seuil, 1982

Internationales Fotosymposion 1981: Ist Fotografie Kunst? Gehört Fotografie ins Museum? Munich: Mahnert-Lueg Verlag, 1982

Jörg Krichbaum: Lexikon der Fotografen. Frankfurt: Fischer Verlag, 1981

*Erweiterte Fotografie / Extended Photography.* Vienna: Wiener Secession, 1981

Petra Benteler (ed.): *Photography Europe 1.* Houston: Benteler Galleries, 1981

Hugo Schöttle (ed.): *Dumont Foto 2.* Cologne: DuMont Buchverlag, 1980

Rolf Wedewer (ed.): *Vorstellungen und Wirklichkeit – 7 Aspekte subjektiver Fotografie.* Cologne: Wienand Verlag, 1980

**Rezensionen und Zeitschriftenveröffentlichungen**
*Selected Reviews and Magazine Publications*

Peter Badge: "Entfesselte Kamera." *Berliner Zeitung,* Berlin, 16 November 1998

Andreas Müller-Pohle: "Digital Scores." *Creative Camera,* London, June/July 1998

"An die Stelle der Wahrheit ist die Wahrscheinlich-keit getreten." Interview by Peter Badge. *Göttinger Tageblatt*, Göttingen, 2 June 1998

Márta Nagy/Lajos Adamik: "Digitális halhatatlanság" (Digital Immortality). *Balkon*, Budapest, nr. 4, 1998

Beate Lakotta: "Wie real ist ein Pixel?" *Spiegel Special*, Hamburg, nr. 3, 1998

A.D. Coleman: "Andreas Müller-Pohle, Germany." *ARTnews*, New York, nr. 2, February 1998

Edward J. Sozanski: "Print Center." *Philadelphia Inquirer*, Philadelphia, 21 November 1997

Johannes Birringer: "After Photography? Synopsis by Andreas Müller-Pohle." *Spot*, Houston, Fall 1997

Christoph Blase: "Schnipseltanz. Neue Fotografie in Braunschweig." *Frankfurter Allgemeine Zeitung*, Frank-furt, 21 November 1997

Peter Badge: "Ein donnerndes Bildgewitter. " *Göttinger Tageblatt*, Göttingen, 7 November 1997

Thomas Kempf: "Entropia – Rettung durch Vernich-tung." *Eikon*, Vienna, nr. 21/22, Fall 1997

Yves Abrioux: "Andreas Müller-Pohle. " *Untitled*, London, nr. 13, Spring 1997

Anthony Georgieff: "Entropia." *Katalog*, Odense, nr. 3, Summer 1997

Matthias Groll: "Ekstase des Bildermülls. Andreas Müller-Pohle im Kunstverein Rüsselsheim." *Neue Bildende Kunst*, nr. 3, June/July 1997

Kristin Holighaus: "Kleinbilder als Schneegestöber über dem Schredder." *Frankfurter Rundschau*, Frank-furt, 3 April 1997

Michael Hoffmann: "Wie Papierschnitzel tanzen. Videoinstallation in Rüsselsheim macht aus Abfall Kunst." *Frankfurter Allgemeine Zeitung*, Frankfurt, 2 April 1997

"Ein Bild – Zu den 'Digitalen Partituren' nach Nicé-phore Niépce (A. Müller-Pohle)." *Rundbrief Fotografie*, Dresden, nr. 11, 1996

Jean Arrouye: "De Perrudja à Perlasca." *Contretype*, Brussels, nr. 49, January/February 1996

Erik Eelbode: "De fotoverbrijzelaar. Andreas Müller-Pohle in Galerie Contretype." *De Morgen,* Ghent, 11 December 1995

Hubertus von Amelunxen: "Perlasca Pictures." *Extra Camara*, Caracas, nr. 4, July/August/September 1995

Hubertus von Amelunxen: "Perlasca Pictures." *Eikon*, Vienna, nr. 7/8, 1993

Alain Julliard: "Perlasca Motion Pictures." *Images*, Geneva, nr. 2, 1993

Carl Aigner: "Am Nullpunkt der Wahrnehmung. Vom Verschwinden der Bilder." *Wiener Zeitung*, Vienna, 5 February 1993

Jean-Claude Lemagny: "Fleuve profond. Sur l'évolution de la création photographique depuis vingt ans." *Art Press*, Paris, numero spécial 20 ans, 1992

Klaus U. Reinke: "Kamera-Experimente." *Handels-blatt*, Düsseldorf, 10 January 1992

"L'ombre." *La Recherche photographique*, Paris, nr. 11, December 1991

Ulf Erdmann Ziegler: "Polaroid-Christo. Über Andreas Müller-Pohle, Aura, Orte und Fotografien." *Die Tageszeitung*, Berlin, 19 August, 1991

"W poszukiwaniu europejskiej tozsamósci" (Inter-view by Barbara Kosinska and Jan  Jackowski). *Foto-grafia*, Warsaw, nr. 51, January/February/March 1989

"Ten Years Later." *European Photography*, Göttingen, nr. 40, October/November/December 1989

Stefania Bril: "A visita de Andreas Müller-Pohle." *Iris*, São Paulo, nr. 399, December 1986

"International issue." *Ovo Magazine*, Montréal, nr. 59/60/61, 1986

Olek, Jerzy. "Summing up the past." *Projekt*, Warsaw, nr. 169, July/August 1986

Kulakowska, Józefa. "Poruszony swiat." *Sztandar Myodych*, Warsaw, 4 April 1986

"Con pochi elementi e un'abile 'mossa' Müller-Pohle dà vita alla fantasia." *Arte*, Milan, January 1986

"Les voies de l'abstraction." *Photographies*, Paris, nr. 7, May 1985

"Photography: Today/Tomorrow (I)." *European Photography*, Göttingen, nr. 21, January/February/March 1985

"Andreas Müller-Pohle. Interview von Bas Vroege." *Perspektief*, Rotterdam, nr. 18/19, November/December 1984

"Abenteuer aus der freien Hand." *Art*, Hamburg, nr. 7, July 1984

Alain D'Hooghe: "Müller-Pohle: Transformance." *Clichés*, Brussels, nr. 7, June 1984

José de Sousa Machado: "Andreas Müller-Pohle: A visão crítica do real." *Semanário*, Lisbon, 19 May 1984

Susan Zwinger: "Not-So-German Eyes." *The Santa Fe Reporter*, Santa Fe, 16 May 1984

Vilém Flusser: "Andreas Müller-Pohle: Transformance." *Photovision*, Madrid, nr. 8, July/August/September 1983

Thomas Albright: "International Photography." *ARTnews*, New York, nr. 10, December 1982

"Bildunfälle in Schwarzweiß." *Nürnberger Zeitung*, Nuremberg, 2 September 1982

Freddy Langer: "Ich sehe was, was du nicht siehst.' Fotografien von Andreas Müller-Pohle." *Frankfurter Allgemeine Zeitung*, Frankfurt, 22 February 1982

Manfred Schuchmann: "Licht-Bilder. Andreas Müller-Pohle in der foto-art Galerie." *Frankfurter Rundschau*, Frankfurt, 20 February 1982

Allan Porter: "Eine neue deutsche Vision." *Camera*, Luzern, nr. 8, August 1981

Rupert Martin: "New German Photography." *European Photography*, Göttingen, nr. 5, January/February/March 1981

"Mit Fotos die visuelle Welt verletzen." *Neue Zeit*, Graz, 10 June 1981

"Das Sehen lehren." *Hannoversche Allgemeine Zeitung*, Hannover, 14 May 1981

Michael Köhler: "Die Kamera als Kunstmedium." *Süddeutsche Zeitung*, Munich, 10 März 1981

Dirk Schwarze: "Erst die Serie macht es." *Rheinische Post*, Düsseldorf, 21 February 1981

Joan Fontcuberta: "Visualismo." *El Correo Catalan*, Barcelona, 2 October 1980

Andreas Müller-Pohle: "Visualism." *European Photography*, Göttingen, nr. 3, July/August/September 1980

"Visualismus in Schwarzweiß." *Zoom*, Munich, nr. 12, December 1979

"Andreas Müller-Pohle: About visual questioning. Interview by Marco Misani." *Printletter*, Zürich, nr. 23, September/Oktober 1979

"Andreas Müller-Pohle." *Photographie*, Schaffhausen, nr. 1, January 1979

"Zur Geometrie gekappte Realität." *Die Welt*, Bonn, 21 August 1978

"Die zweite Avantgarde der Fotografie." *Weinheimer Nachrichten*, Weinheim, 1 December 1978

Krichbaum, Jörg. "Fotografie: ein gedanklicher Prozeß." *Fotografie*, Riesweiler, nr. 6, 1978

**Sponsoren der Ausstellung** *Sponsors of the Exhibition*

Artificial Image, Berlin

Canson Deutschland, Ettlingen

Clarion Hotel, Göttingen

Creative Engineering, Göttingen

Glunz AG, Göttingen

Gothaer Versicherungen

Isco-Optic GmbH, Göttingen

Land Niedersachsen

Multilingua, Bochum

Niedersächsische Lottostiftung

Sparkasse Göttingen

Die Arbeiten der Zyklen *Konstellationen*, *Transformance*, *Sojourner II* und *Face Codes* wurden von Artificial Image, Berlin, im Iris-Giclée-Verfahren erstellt. Gedruckt wurde auf Aquarelle Arches 300 g/m², das uns freundlicherweise Canson & Montgolfier, Ettlingen, zur Verfügung gestellt hat.

Unser herzlicher Dank geht an die genannten Unternehmen und Institutionen sowie an Peter Badge, Hilmar Beck, Gunnar Blank, Gregory Braun, Gérard A. Goodrow, Christian Lindstedt, Achim Richter und Kathrin Shem-Tov.

The exhibited works from the projects *Constellations*, *Transformance*, *Sojourner II* and *Face Codes* were produced by Artificial Image, Berlin, in the Iris Giclée process and printed on Aquarelle Arches 300 g/m² kindly supplied by Canson & Montgolfier Deutschland, Ettlingen.

Our sincerest thanks to the sponsoring companies and institutions, as well as to Peter Badge, Hilmar Beck, Gunnar Blank, Gregory Braun, Gérard A. Goodrow, Christian Lindstedt, Achim Richter and Kathrin Shem-Tov.